"中国劳模"系列丛书

药丸背后的匠心师
张冬梅

赵莹◎著

 吉林出版集团股份有限公司
全国百佳图书出版单位

图书在版编目（CIP）数据

药丸背后的匠心师：张冬梅 / 赵莹著. -- 长春：
吉林出版集团股份有限公司，2025.3. --（"中国劳模"
系列丛书 / 徐强主编). -- ISBN 978-7-5731-6285-4

Ⅰ. K828.9

中国国家版本馆CIP数据核字第202540LL20号

YAOWAN BEIHOU DE JIANGXIN SHI : ZHANG DONGMEI

药丸背后的匠心师：张冬梅

出 版 人	于　强	
主　　编	徐　强	
著　　者	赵　莹	
组稿统筹	东北师范大学文学院创意写作研究中心	
责任编辑	石榆淼	
装帧设计	崔成威	

出　　版　吉林出版集团股份有限公司
发　　行　吉林出版集团社科图书有限公司
地　　址　吉林省长春市南关区福祉大路5788号　邮编：130118
印　　刷　唐山富达印务有限公司
电　　话　0431-81629711（总编办）
抖 音 号　吉林出版集团社科图书有限公司　37009026326

开　　本　710 mm×1000 mm　1 / 16
印　　张　8.25
字　　数　85 千字
版　　次　2025 年 3 月第 1 版
印　　次　2025 年 3 月第 1 次印刷

书　　号　ISBN 978-7-5731-6285-4
定　　价　45.00 元

如有印装质量问题，请与市场营销中心联系调换。0431-81629729

序　言

　　劳动创造财富，劳动创造幸福，劳动创造未来。习近平总书记在 2020 年全国劳动模范和先进工作者表彰大会上的讲话中指出："全社会要崇尚劳动、见贤思齐，加大对劳动模范和先进工作者的宣传力度，讲好劳模故事、讲好劳动故事、讲好工匠故事，弘扬劳动最光荣、劳动最崇高、劳动最伟大、劳动最美丽的社会风尚。"当今世界，综合国力的竞争归根到底是科技人才和高素质劳动者的竞争。改革开放以来，我们强大的工人队伍用辛勤劳动和拼搏奉献推动中国制造、中国智造、中国创造走向世界的前列，新时代的中国面貌日新月异。大力弘扬劳模精神、劳动精神、工匠精神，加强高素质技能人才队伍建设，打造一支宏大的知识型、技能型、创新型劳动者队伍是伟大时代赋予我们的历史责任。

　　劳动模范是民族的精英、人民的楷模，是共和国的功臣。改革开放以来，广大职工勇立改革潮头，独立自主，奋发图强，勇于创新，其中涌现一批批全国劳模和大国工匠，他们参与建设了代表中国高度、中国速度、中国深度的一系列重大工程，提升了国家实力，打造了"中国名片"，树立了"中国品牌"，增添了"中国力量"，充分释放出工人阶级的创新活力，展示出大国工匠强大的创造能力。他们以工人阶级的满腔热忱在各自平凡的工作岗位上创造了辉煌的业绩，书写了新时代的壮丽篇章。

爱岗敬业、争创一流、艰苦奋斗、勇于创新、淡泊名利、甘于奉献的劳模精神，崇尚劳动、热爱劳动、辛勤劳动、诚实劳动的劳动精神和执着专注、精益求精、一丝不苟、追求卓越的工匠精神，是广大劳动群众在社会生产实践中锤炼形成的弥足珍贵的精神财富，是工人阶级伟大品格的具体体现，是民族精神和时代精神的生动体现。民族复兴需要劳动模范，祖国强盛需要大国工匠，中国制造、中国智造、中国创造更需要大国工匠的强有力支撑。劳模、工匠等的成长故事、先进事迹中承载的劳模精神、劳动精神和工匠精神，是激励全国各族人民团结奋斗、勇往直前的强大精神力量。

"中国劳模"系列丛书，采用图文结合的方式，讲述全国劳模、大国工匠和先进工作者的成长经历及他们追梦、筑梦、圆梦的故事，用他们在平凡岗位上创造不平凡业绩的真实故事感染读者，形成劳动最光荣、劳动最崇高、劳动最伟大、劳动最美丽的社会风尚，引导广大技术工人和青少年形成劳动光荣、技能宝贵、创造伟大的观念。

"匠心筑梦,强国有我。"新时代是一个万象更新、生机勃勃的时代,也是一个继往开来、创新创业和建功立业的大时代。希望广大读者能以劳动模范为榜样,以大国工匠为楷模,立志技能报国、技术强国,踔厉奋发,勇毅前行,锤炼思想品格,汲取劳动智慧,勇于担当、勤于钻研、甘于奉献,为推进新型工业化和乡村振兴,为加快建设制造强国、质量强国、航天强国、交通强国、网络强国、数字中国、农业强国,全面建设社会主义现代化国家贡献青春力量。

中华全国总工会副主席(兼)

中国航天科技集团有限公司第一研究院

211 厂 14 车间高凤林班组组长

2022 年 11 月

扫码解锁

◉群英颂歌 ◉初心使命
◉工匠技艺 ◉奋斗底色

　　张冬梅，女，1965年生，北京人，中共党员。她曾任中国北京同仁堂（集团）有限责任公司（以下简称"同仁堂"）同仁堂制药厂亦庄分厂综合车间"安牛班"班长，同仁堂首席技师，同仁堂安宫牛黄丸"非遗"项目传承人。她曾获得"北京市劳动模范""国企楷模·北京榜样""首都精神文明建设文明奖""全国劳动模范""诚信个人""北京市国资委系统第二届微电影大赛最佳女配角""诚信代言人"等荣誉，享受北京市政府特殊津贴。

　　数十年来，张冬梅一直默默坚守在安宫牛黄丸的生产岗位上。她的故事，虽不是震撼的华章，却好似那小小的药丸，蕴含滋养生命的力量。

　　张冬梅17岁便开启其在同仁堂的职业生涯，从包装车间到制丸车间，从负责蘸蜡、打戳到制作安宫牛黄丸，从学徒到成为"制丸能手"、安宫牛黄丸的技艺传承人，她每一步都走得艰难，却踏实。张冬梅在一个个时光的印记中把看似并不起眼的工作做到了极致，实现了手工搓丸成型率达100%。

张冬梅曾说："一颗药丸，不只是药材的堆积，更是融入了匠心、责任与情感的作品。"对张冬梅而言，制作安宫牛黄丸不只是一份工作，更是一种责任感与使命感的体现。

2015年，张冬梅正式办理了退休手续。然而，她并未止步于此。为确保"手工搓丸"这一项同仁堂传统技艺的传承，张冬梅成立了首席技师工作室与劳模创新工作室。她将几十年来积累的工作经验毫无保留地传授给班组成员，并通过创新教学模式、实施课题攻关等方法带领徒弟们一步一个脚印地走在"守正创新，继往开来"的传承道路上，以己之力把安宫牛黄丸的制作技艺刻写在祖国的大地上，生动地展现了劳模精神和时代风采。

目　录

第一章　药香中的童年

扫码解锁

◉群英颂歌 ◉初心使命
◉工匠技艺 ◉奋斗底色

春天的呼唤

1965 年 4 月，春意渐浓，阳光透过薄薄的云层洒落在古老的北京后海上。湖面荡漾着微波，阵阵涟漪轻轻掠过每一个角落。这个历史悠久的地方，如今已经成为人们休闲的乐园。湖畔的小路旁，柳树垂下的枝条轻轻拂过行人的肩头，仿佛在与微风诉说着岁月的秘密。

就在这个充满生机的春天，伴随着一声啼哭，张冬梅出生了。她的到来，为这个家庭带来了新的希望与期许。

秋去冬来，寒暑推移，张冬梅从呱呱坠地到牙牙学语，从蹒跚学步到稳健奔跑，在一个个时光的印记里渐渐成长为天真烂漫的小女孩。

张冬梅的童年是在后海这片美丽的湖畔度过的。

张冬梅的父亲张子鑫常年在昌平县（今昌平区）南口农场工作，一个月才能回家一次。母亲郝凤英在地安门的一家药店工作，工作时间早晚不定，常常早晨天刚蒙蒙亮就要出门，晚上则经常因为开会、加班而迟迟不能回家。家里没有其他亲属帮忙，张冬梅的姥姥、姥爷都在山西老家，因此家庭的重担几乎全落在张冬梅母亲的肩上。

为了维持家庭的正常运转，张冬梅的母亲不得不将年幼的张冬梅寄养在不同的家庭里。张冬梅就像一片飘飞的树叶，漂泊在一个个陌生的角落。这段漂泊的童年时光，在张冬梅心里留下了深刻的记忆。

尽管母亲工作繁忙，无法时刻陪伴在张冬梅身旁，但她对张冬梅的教育却从不懈怠。每当遇到亲朋好友，她总会提醒张冬梅："要懂礼貌，见到长辈，一定要打招呼。"从母亲的言传身教中，张冬梅早早便学会待人接物的方式方法。

进入幼儿园后，张冬梅的生活开始变得有条不紊。她不再被寄养在不同的家庭里，而是在幼儿园的全托班中开启新的成长旅程。

在张冬梅的童年里，父爱时常缺席，但母亲并不溺爱她。母亲的严格要求无形中给了张冬梅力量和方向。母亲总是每天早晨把张冬梅叫醒，坚持让她自己整理床铺。

"冬梅，被子要叠得整整齐齐，枕头要放在一个位置，不能马虎。"母亲耐心地教导她。

刚开始，张冬梅觉得叠被子很麻烦，常常想随意折叠几下就应付过去，但母亲每次都会检查，叠不好就要求她重新做。

"家有家规，床铺要干净，家才像个家。"母亲经常这样对她说。

在母亲不厌其烦地教诲下，张冬梅慢慢学会如何有条理地整理床铺，并逐渐养成了有条不紊的生活习惯。

⊙ 1967年，张冬梅两岁留念

在时光的流转中，长大的张冬梅承担起更多的家务。家务活儿虽然烦琐，却也让她感受到责任感和成就感。她知道，母亲的身体一直不好，在生她前便患有严重的心脏病。这让张冬梅更加迫切地想为母亲分担一些其力所能及的小事儿。

虽然张冬梅童年漂泊的日子孤独、充满艰辛，但胡同里的邻里文化却给她的生活增添了温暖的色彩。那时北京街坊四邻的关系十分亲密，每当夕阳西下，大人们便会坐在院子里聊天，而孩子们则在旁边嬉戏。

有一天，张冬梅在院子里看到街坊大姐姐在钩绣，便好奇地凑上前问："姐姐，我可以学吗？"

大姐姐抬头笑了笑："当然可以，不过这可不是那么容易的事儿，得慢慢来。"

从那天起，张冬梅便开始学钩绣的手艺。开始时，她笨拙地拿着毛线和钩针，手指在线团中来回穿梭，几次不小心把毛线打成结，急得她满头大汗。

大姐姐一边织，一边笑着对张冬梅说："别急，慢慢来，学东西不能图快。"

这些话语像极了母亲的教诲，让张冬梅逐渐领悟到做事要有耐心、要细致的道理。她向院子里的大姐姐学习了许多实用的技能。这些技能不仅充实了她的生活，也让她逐渐明白：生活中的每一件小事儿都需要用心去对待。

日复一日，唯有奋斗不止。张冬梅在学成的那天，回到家便激动地和母亲说："妈，我终于学会钩绣啦！以后这些事儿都让我来，您可以少干些活儿了。"

母亲望着张冬梅天真单纯的笑脸，内心满是难以言状的感动。她一边感叹于女儿的懂事与体贴，另一边又感到愧疚，愧疚于自己不能常陪伴在女儿身旁。

每每看着女儿渴望的目光和孤单的背影，母亲的内心总是无比挣扎。她意识到：工作再重要也比不上女儿，她不能再忽略女儿内心的需求。因为药店与药厂同属一个系统，所以，她便申请调到药厂工作。

在心底盛放的花

1968 年，郝凤英如愿地被调至北京市中药三厂（后来的北京同仁堂）工作。二十世纪五六十年代，北京同仁堂被纳入北京市的公私合营体制下，整合成为国营中药厂的一部分。当时政府将几家主要的中药企业整合、分类管理，并按生产工厂进行编号，北京同仁堂被列为北京市中药三厂。这一称号一直沿用到 20 世纪 80 年代改革开放后，企业才逐渐恢复传统的"北京同仁堂"品牌名称并重新经营。

同仁堂不仅是一家制药企业，更是一座古老的中药文化殿堂。药店匾额上的"修合无人见，存心有天知"，道出了同仁堂的精髓：无论是在深夜冷月中细细研磨，还是在烈日酷暑下逐味筛选，这座古老的药堂始终秉持一份无可动摇的信念——为医者仁心，为百姓济世。

被调任至北京市中药三厂后，郝凤英的工作时间更加稳定，她终于可以每天按时接张冬梅回家了。正是这个决定，让张冬梅结束了全托幼儿园的生活，改上日托。

每天下班后，郝凤英都会按时出现在幼儿园门口。张冬梅看到母亲的身影，心中充满幸福感和安全感。母女俩牵着彼此温暖的手，迎着余晖，一起走过傍晚的胡同，回到那个属于她们的家。晚饭后，母亲常常坐在院子里，给张冬梅讲生活中的道理，母女俩一边绣花，一边聊天。这些温馨的时光，不仅让张冬梅的内心得到滋养，也让她对生活有了更多的理解。

慈心如春，润物无声。母亲的爱如同涓涓细流，滋养着张冬梅的心灵。

母亲不仅在生活中细心照顾女儿，更以言传身教的方式塑造了张冬梅的性格。张冬梅回忆说，1976 年，学校因为地震停课，她便跟着母亲到厂里，在一点一滴的日常中愈发体会到母亲身上那种认真负责、一丝不苟的可贵品质。

"冬梅，今天你跟妈妈去单位，要乖乖的，不能乱跑。"母亲叮嘱道。

张冬梅点点头，跟着母亲走进制药厂的车间。刚进门，一股浓郁的药草香气扑鼻而来。起初，张冬梅对这种味道有些不适应；时间一长，她尝试着慢慢接受，甚至有些喜欢上了那种特有的药香。

张冬梅跟着母亲在车间忙碌，帮忙做一些力所能及的小活儿，比如，递药瓶、捅棉花等。

车间里有个大筛子，里面摆满了玻璃瓶，每个瓶子里装着十片药。张冬梅看到一名工人专心地用手"噔噔噔"地敲击着一串玻璃瓶，药片便轻松地滑进了瓶中，整个操作整齐又迅速。当瓶子被敲满后，工人就将其放在一个大筛子里，然后移动到郝凤英工作的地方。这个场面让张冬梅觉得既神奇又神圣。

"妈妈，这些药真的能治好病吗？"张冬梅小声地问。看到母亲往瓶子里塞棉花，然后用签子捅紧棉花的专注模样，张冬梅心中充满敬佩之意。

"是的，冬梅。这些药能帮助很多人，所以必须认真对待。"郝凤英微笑着回答。

随着母亲的耐心解释，张冬梅开始对周围的一切产生浓厚的兴趣。她认真观察着工人如何将药片整齐地装进瓶子里，也对那种严谨认真的工作氛围心生向往。在同仁堂帮忙的那段时间，张冬梅不仅学会了简单的装瓶和捅棉花的工作，还对车间里的各种器械和流程产生了浓厚的兴趣。她特别喜欢闻这种药香，虽然一般人可能受不了，但由于经常待在车间里，时间久了，她喜欢上了这种气味，甚至再也感受不到药味的刺激感。她觉得，能够参与生产药品，是一件特别值得自豪的事。

"你呀！小小年纪，就喜欢闻药味，将来可以来这里工作了。"母亲看着张冬梅笑着说。

"嗯，我长大了，就来这里工作。"张冬梅开心地点头笑道。

正是这种潜移默化的影响，在年幼的张冬梅心底种下了一颗充满药香的种子。

那段时间的工厂生活，虽然有些辛苦，但张冬梅总能从劳动中找到乐趣和满足感。然而，忙碌的生活中也伴随着压力，以及一些意料之外的事。

张冬梅清楚地记得，有一次，母亲忙碌了一整天，回到家后格外疲惫。虽然之前她的心脏病也会偶尔发作，但那天母亲的情况看上去格外糟糕。

母亲脸色苍白，额头上渗出细密的汗珠。张冬梅的心一下子提到了嗓子眼儿。她顿时慌了神，立刻跑到母亲工作的厂子里大声呼喊："叔叔们，快来帮帮我妈妈！"

车间里的工人很快骑上三轮车，将郝凤英送到附近的医院看病。张冬梅紧紧拉着母亲的手，眼中闪烁着泪光，但她努力不让自己哭出来。

当郝凤英住院接受治疗时，家里只剩下张冬梅一个人。尽管她努力使自己表现得很坚强，但孤单和思念总是涌上心头。每当夜幕降临，寂静的房间让张冬梅倍感压抑，这时她总会选择去邻居家过夜，她希望有人陪伴她度过这段艰难的时光。她常常站在窗前，凝视着夜空中的星星，心中默默祈祷着母亲早日康复。

郝凤英身体稍有好转出院后，张冬梅更是主动地承担起大部分家务活儿。她负责打扫房间，每天早上起床后都会整理床铺、擦拭家具等。她还学会了烧煤取暖。

冬天，家里需要烧煤，由于家在院子的最里面，张冬梅每次只能用小簸箕端七八块煤，一点一点地搬回家。

一次搬煤时，邻居家的阿姨看见了张冬梅，便关切地问道："冬梅，这么冷的天，你怎么一个人在搬煤？不累吗？"

"不累，阿姨，我妈妈身体不好，我多干些活儿她就不用那么累了。"张冬梅额头上冒着汗珠，笑着回答。

"真是个懂事的孩子。"阿姨夸道，眼中满是怜爱。

张冬梅的能干不仅仅体现在搬煤上，还体现在她冬天排队买大白菜上。当时根据人口分配，每个家庭都会领到一定数量的大白菜。张冬梅总会在寒风中将一棵棵大白菜抱回家。她一边用手臂搂紧白菜，一边小心翼翼地迈着步子，生怕把大白菜摔在地上。

"这些都是妈妈和我冬天的口粮，一定要小心。"她在心里对自己说。

张冬梅把大白菜一棵棵地从门口抱回家，整齐地堆放在窗台下面。看着自己的劳动成果，她心里有种小小的成就感。

在这段日子里，张冬梅体会到了生活的艰辛，也感受到了劳动带来的成长。她看到母亲的辛苦，更体谅母亲的付出，总是尽量多做些家务，帮母亲分担。

"我妈妈身体不好，但她从不抱怨，总是把家里的一切打理得井井有条。"

张冬梅回忆起这些细节，心中满是感慨。母亲这种永不言弃的精神，深深影响着张冬梅的性格。而母亲对张冬梅的悉心教导，也影响着她在未来工作中总是以身作则，带头承担责任。无论是在生活还是工作中，张冬梅始终谨记母亲的教诲，细心与耐心地对待每一件事，体谅和帮助身边的人。

母亲的坚韧与爱，犹如一朵常开不败的花，悄然盛放在张冬梅的成长之路上，蓬勃向上，愈久弥香。张冬梅的童年虽然充满漂泊与艰辛，但母亲的无私付出和严格要求，逐渐在她心中筑起一座稳固的堡垒。正是这种潜移默化的教育，使张冬梅在面对生活中的一切困难时，总能保持坚韧与耐心。母亲的严厉与温柔、坚韧与无私，早已深深融进张冬梅的血液里，成为她人生中最宝贵的财富。

在张冬梅的记忆中，母亲的身影总是充满温暖与力量。正如那荡漾在后海上的微波，看似无声无息，却深刻地影响着湖面下的每一滴水。母亲的爱，伴随着张冬梅，使她在人生的道路上坚定前行。

无言扎根的树

相较于母亲的持续陪伴，张冬梅幼时对父亲的记忆，更多地来自那些短暂而深刻的瞬间。

每当父亲回家，家里总是显得格外热闹且温馨。张冬梅记得，每次父亲回家之前，她总是跑到院门口一遍遍地张望，期盼那熟悉的身影出现在街角。在父亲回来的那一刻，张冬梅总会飞奔过去，紧紧抱住父亲，感受她所期望的久违的温暖。父亲的怀抱带着独特的味道，那时父亲的拥抱是她童年最安心、最幸福的港湾。

"冬梅，爸爸这次带了好东西回来给你。"

张子鑫每次回来，都会从口袋里掏出一些小玩意儿送给张冬梅，宠溺地对着张冬梅笑。

张冬梅仰望着父亲，心中满是崇拜，尤其当她看到邻居、亲戚纷纷登门拜访，请父亲治病时，她心中的自豪感更是油然而生。

父亲是一名医术精湛的医生，他的针灸技艺在后海远近闻名。张冬梅听母亲说，在她出生前，家里便有很多人上门排队请父亲针灸。父亲在邻里之间享有极高的声誉。

在张冬梅的童年记忆里，家中总会有街坊四邻排队等候，大家只为得到父亲的针灸治疗。张冬梅有时偷偷地站在旁边，看着父亲用那双稳健的手在患者的身体上轻轻施针，每一针都带着一种坚定而沉稳的力量。

时至今日，张冬梅仍然记得，有一次，家里来了一对年轻夫妻，男子怀里还抱着一台崭新的电视机。他们笑着对张子鑫说："张大夫，谢谢您治好我妻子的病。这是我们的心意。"

张冬梅站在旁边，听着这对夫妻感激的话语才知道，这位阿姨从小患有小儿麻痹症，虽已成家，但行动不便，给家庭带来了很大压力。父亲通过长期的针灸治疗，帮她明显地减轻了症状。

"真是太谢谢您了！您是一位好医生。"

这位阿姨眼里满含泪水，紧紧握着张子鑫的手，言语里充满感激。

"治病救人是我的本分。东西就不用了，你们拿回去吧。"

张子鑫笑着摆摆手，婉拒了那份贵重的礼物。张冬梅在一旁默默看着，内心充满了对父亲的钦佩与敬仰之情。自此，父亲在张冬梅心中的形象又高大了几分。

尽管张子鑫总是忙于昌平县南口农场的工作和对患者的治疗，但他的内心深处始终有一个愿望——有人能继承他的医术，将这份救死扶伤的技艺发扬光大。

于是，张子鑫尝试让张冬梅学习针灸，并督促她背诵人体穴位。他拿出一本厚厚的卡片书，指着上面密密麻麻的穴位图，语重心长地对张冬梅说："冬梅，将这些穴位背下来，以后你也能像爸爸一样治病救人。"

然而，年幼的张冬梅对这些复杂的知识毫无兴趣。她看着那本厚重的医书，只觉得头晕目眩，她认为穴位名称更是拗口难记。她勉强背了一些，但很快便放弃了，因为根本记不住。每当父亲工作回来向她提问时，她总是支支吾吾，答不出几句。

一次，张冬梅终于忍不住对父亲说："爸爸，我不想学针灸，它太难了。"

张子鑫看着女儿，无奈地笑了笑，温柔地说道："学医确实不容易，并不是每个人都适合。你不喜欢的话，也不用勉强自己。"

虽然张子鑫没有责怪女儿，但张冬梅心里多少有些愧疚，她觉得自己辜负了父亲的期望。

张子鑫没有放弃对传承医术的执着。多年后，他终于找到了合适的继承人——远在山西的外甥女。她从小便对针灸感兴趣，后来系统学习了中医知识。张子鑫得知这一消息时，欣喜若狂，立刻决定将自己多年来积累的医书和针灸器具送给外甥女。郝凤英将这个消息告诉张冬梅时，语气里带着一丝欣慰："你爸可高兴了，他觉得这技艺总算有人愿意学了。"

对于张子鑫来说，医生不仅是一种职业，更是一种对生命的敬重和大爱。而这份执着，也在无形中影响着张冬梅。虽然她没有继承父亲的医术，但父亲的救死扶伤精神和仁爱之心，早已如树根般深深扎在她的心底，默默引导着她的成长之路。

第二章　学海泛舟的启航

扫码解锁

◉群英颂歌 ◉初心使命
◉工匠技艺 ◉奋斗底色

杨树下的启程与磨砺

四季轮转，时间的指针在晨曦与夕阳间往返穿梭。1971 年，张冬梅背着崭新的书包，满怀期待地走进新街口东街小学，迎接她的是校门外高大的杨树。

这些杨树整齐地排成一列，仿佛一队忠诚的守卫。微风拂过，叶片之间沙沙作响，伴随着初秋的晨光，在她心底播下希望的种子。这所学校虽不大，但对于初入学堂的张冬梅来说，却是一片新奇的广阔天地，是她人生旅程的起点。

然而，当时特殊的时代背景决定了学校的教育重心并不在课堂上。

张冬梅还记得，自入学起，几乎每周都有各种实践活动，比如，学工、学农活动。她在这些实践活动中逐渐明白，知识不仅是书本上的课文和习题，

⊙ 1973年，张冬梅八岁照

还深深扎根于生活的每一个角落，劳动的汗水是诠释生命的另一种课堂。

虽然六年的小学时光不像张冬梅原先想象的那般充满童话色彩，但其中的点点滴滴仍然留下了美好的回忆。那个时候，每年的春游便是张冬梅最期待的活动。

春意悄至，校园里的树木吐露着新绿，它们散发出的淡淡花香如同自然的轻声呢喃，让人感觉如梦如幻。

那天，学生们背上装满午餐和零食的小书包，早早地在操场上集合，等待老师带领他们出发。对于张冬梅和她的同学们来说，这一天不仅是远离课堂的放松时刻，更是亲近自然、尽情玩耍的好机会。

张冬梅和她的同学们最喜欢的春游路线之一是从学校出发，步行到颐和园。尽管路程有些遥远，但同学们并不觉得累，他们都非常享受这个过程。

一路上，同学们在老师的带领下走过新街口豁口，穿过熙熙攘攘的街道，再往北走向颐和园。途经胡同和街市，张冬梅和同学们会时不时驻足，指着沿途的景色开心地讨论着。这些景色，有时是一棵盛开的迎春花，有时是一条潺潺的小河，甚至是一只飞过的蝴蝶，都能引起他们的好奇和欢笑。

到达颐和园，眼前豁然开朗，园中的昆明湖碧波荡漾，湖水如同一面巨大的镜子，映照着岸边的垂柳和远处巍峨的万寿山。同学们纷纷欢呼着，冲向湖边的长廊。

　　张冬梅走在长廊下，指着廊上的壁画问老师："老师，这些画上讲的都是什么故事呀？"

　　老师耐心地解释道："这些是民间传说和历史故事，有的讲的是《西游记》里的孙悟空，有的讲的是《水浒传》里梁山好汉。"

　　张冬梅若有所思地点点头，目不转睛地盯着这些画面，不愿错过每一个精彩的细节。

　　穿过长廊后，同学们来到十七孔桥。远远望去，这座桥就像一条长虹横跨在湖面上。张冬梅和同学们在桥上奔跑。波光粼粼的湖面引得他们驻足欣赏。那一刻，张冬梅觉得自己像是电影里的小英雄，正奔向一个未知的探险世界。桥的对岸是南湖岛，岛上绿树成荫，风光秀丽。同学们一到岛上，就迫不及待地在草地

⊙ 1974年，张冬梅（前排左三）小学四年级时与同学在颐和园春游

上席地而坐，打开背包里的午餐和零食，开始分享彼此的美食。

春游结束，大家依依不舍地离开。但在回去的路上，张冬梅和同学们仍然会兴奋地讨论着看到的各种景象。在这片无忧无虑的天地中，张冬梅和同学们尽情奔跑、欢笑，仿佛整个世界都属于他们。张冬梅从这些春游的经历中学会观察、思考，也萌生了对世界的向往。

在泥土与阳光间成长

在时光的长河中，张冬梅的童年如同一幅绚丽的画卷，蕴藏着无尽的成长的秘密。

阳光透过繁茂的杨树，形成斑驳的光影。校园里，同学们的欢声笑语交织成动人的旋律。在那片熟悉的土地上，张冬梅不仅在课堂上学习知识，还与同学们共同经历了学工、学农和学军活动。

在张冬梅家附近，有一家小小的爆米花厂，那是学校安排学生进行学工的"工厂教室"。

每次进行学工活动，同学们都要穿上工作服，走进工厂的操作间。操作间不大，几台黑色的爆米花机像是镇守的哨兵，排列在房间的一侧。

师傅们已经准备好玉米粒、大米粒和糖浆，并将所有原料整齐地摆放在木质的操作台上。师傅们分工明确，有人负责把玉米粒或大米粒倒入爆米花机中，有人负责调节机器的温度，有人控制加入糖浆的时间。每一个步骤都吸引着同学们好奇的目光。

"冬梅，你负责把纸袋撑开，然后递给我。"小伙伴说道。

小伙伴站在爆米花机旁，正准备用铲子将炒好的爆米花装袋。张冬梅立刻上前，按照要求，小心翼翼地撑开纸袋，然后递到另一个同学手里。此时，爆米花机的铁盖"咔嗒"一声被打开，一股浓烈的热气冲出，伴随着那股独特的甜香。师傅们用大铲熟练地将爆米花迅速翻拌，确保每颗都能均匀地裹上糖浆，再倒入早已准备好的斗中。

学工活动不仅让张冬梅学会了如何劳动，更让她体会到劳动所带来的快乐和满足。她喜欢看着那些装得满满的爆米花纸袋整齐地排成一列，它们就像一支等待检阅的队伍。那段时间里，张冬梅觉得自己不只是一名小学生，更是肩负着一种朴素的责任感的劳动人民的一员。这种体验让她懂得集体合作和劳动纪律的重要性，也培养了她对工作认真细致的态度。

每到冬天，学校还会组织学生去新街口豁口的东方红大队帮农民干活儿。冬季天气寒冷，北风刮在脸上像刀割一般。同学们戴着厚重的棉帽和手套，跟随老师走向田间地头。

到达目的地后，只见刚刚收割下来的大白菜堆积如山。同学们的任务就是把这些大白菜从田地里搬到指定的地方，再将它们码放整齐。

学农活动不仅是对体力的锻炼，也是对生活的体验，这些活动让张冬梅和同学们更加珍惜当下的幸福时光。

学军活动也是学校生活的一部分。每当学校安排学军活动，同学们就会被带到南口的一个部队进行参观。

在那里，同学们近距离地接触军事生活，看着解放军叔叔的训练场地，听着响亮的命令声在空中回荡。那种庄严的氛围让张冬梅和她的同学们充满敬畏之心和好奇心。

学军活动的主要内容是学习正步走、列队、拉练等基本军事技能。每个同学都佩带了一把大木头枪，枪虽然不重，但扛在肩上也需要一些力气。

"注意，保持队列整齐！"教官在一旁喊道。同学们挺直身体，紧跟着队伍的节奏。张冬梅觉得自己仿佛一名小小的战士，肩上的木枪像是赋予了她一种无形的力量，让她内心充满自豪。

最让张冬梅难忘的是参观坦克部队的那一天。

那天，解放军叔叔带领同学们来到坦克阵地，一辆辆巨大的坦克排成整齐的队列，气势磅礴。张冬梅第一次近距离地看见这些"钢铁巨兽"，内心充满震撼。

"同学们，可以过来看看坦克的内部。"

解放军叔叔一边示范操作，一边热情地邀请同学们近距离接触这些战斗机器。张冬梅小心翼翼地爬上坦克，看到驾驶舱里的复杂仪表和操纵杆，忍不住伸出手指轻轻碰了碰。

"叔叔，我们能学开坦克吗？"张冬梅满怀憧憬地问道。

解放军叔叔笑了笑，拍了拍她的肩膀说："当然可以，只要你们好好学习，将来就有机会。"这一刻，张冬梅的心中又充满了对未来的憧憬。

那段学军活动的经历，让张冬梅对军人生活有了更深刻的理解。她从军训中的每一个动作、每一滴汗水中体会到了一种属于军人的坚韧与担当。这让她在年少时便懂得了什么是责任、什么是奉献，也在她的心中播下了一颗象征着纪律和忠诚的种子。

参加学工、学农和学军活动的经历丰富了张冬梅的童年，这些活动不仅让她体会到劳动的意义与价值，更让她在汗水与欢笑中、泥土与阳光间，具有了对生活的热爱之情。

书香与责任的初中之旅

1977 年，张冬梅告别小学生活，升入新街口中学，迎来全新的学习旅程。

张冬梅走在通往学校的路上，内心仿佛有一股不可名状的力量在涌动。那是一种对未知的憧憬，也是她对自我挑战的渴望。

新街口中学的校园宽敞而宁静，教学楼的红砖墙在晨光中显得格外耀眼。楼前是高大的梧桐树，树影婆娑。树木环绕的操场上，同学们的笑声和着风声传来。每当清晨的第一缕阳光洒进校园，张冬梅都会背着书包，怀揣着对知识的渴望和对未来的美好期待，走进这座充满活力的学校。她喜欢这种氛围，知识仿佛空气一样无处不在。

刚入学时，学校恢复了系统的课程安排，老师也重拾了往日的教书热情。他们用自己的知识和热情激发了学生对学习的热爱之情。课堂上，粉笔在黑板上飞舞，发出轻微的"吱吱"声，像是在谱写一首成长的旋律。

张冬梅坐在靠窗的位置，时不时地望向窗外。一缕阳光洒在她的课本上，让她感到一股暖意，仿佛在鼓励她向前迈进。

在这样的学习环境中，张冬梅感受到一种前所未有的兴奋。她努力学习，每天都把自己的时间安排得满满的。课堂之外，她还利用闲暇时间复习功课，阅读更多书籍。她把自己沉浸在知识的海洋中，渴望看得更远、学得更多。

除了学业，生活中的责任依然如影随形。张冬梅不仅在学校努力学习，还肩负起照顾家庭的重任。每当放学后，她都会主动帮母亲做家务，尤其是换煤气。因此，父亲为她做了一个小拉车，这让她在拉煤气罐时轻松不少。

有一次，天空阴沉，寒风凛冽，张冬梅用力地推着煤气罐，脚步异常沉重，每一步都像在与地面较劲。到了煤气站，那高高的大台阶，更是让她束手无策。她试图把煤气罐搬上去，双手用力抬，却不小心滑了一下，罐子重重地摔在地上，发出沉闷的响声。张冬梅累得气喘吁吁，额头渗出细密的汗珠，心里不免有些泄气。

"小姑娘，需要帮忙吗？" 就在这时，一位在煤气站工作的叔叔走过来，看到她的窘境，轻声问道。

张冬梅抬起头，看到那位叔叔笑得亲切，便点点头："谢谢您，我实在搬不动。"

叔叔二话不说，俯下身子轻松地将煤气罐抬了起来，帮她搬到换煤气的地方，还细心地检查了一遍罐子的阀门，确保一切安全无误后，帮张冬梅把煤气罐拉回了家。

"谢谢您。要不是有您帮忙，我真不知道怎么办。"

张冬梅感激地看着叔叔，心里默默记下这份温暖。这份来自陌生人的关心，给张冬梅心中增添了一份力量。无论生活多么艰难，她都不会放弃。在一个个昼夜更迭中，她早已成为母亲的"小棉袄"，帮母亲分担了很多家务活儿。

母亲的身体状况不佳，所以张冬梅不放心母亲一个人走在路上。每当阴雨天气，她便早早撑着伞站在母亲工作的工厂门口，望着那条长长的街道，期盼看见回家的母亲。雨点在伞面上滴滴答答，街灯的光线映照在湿漉漉的石板路上，折射出无数金色的星点。

母亲的身影从远处走来，显得有些单薄。张冬梅快步迎上去，将伞撑得高高的，护在母亲的头顶上方。

"冬梅，这么大雨，你一个人跑来，不怕冷吗？"母亲看到她，露出一丝惊讶的表情。

"我没事，倒是您小心别着凉了。"

张冬梅摇摇头，将伞挨近母亲。她的语气中带着一种细腻的温柔，仿佛在告诉母亲：有我在，您不必担心。母女俩肩并肩走在寒风和雨水中，伞下的世界仿佛隔绝了外界的冰冷，只有彼此的温暖相互支撑着。

在三年的初中生活里，张冬梅在知识的海洋中畅游的同时，也在责任与爱中不断成长。她在校园中不仅收获了知识，也收获了友情。在那些课余时光里，张冬梅与同学们一起讨论课题，分享生活的点滴，彼此之间建立起深厚的情谊。每当放学后，她都会和同学们一起走在回家的路上，谈笑风生，仿佛一切烦恼都在那一刻被抛于脑后。

1980 年，张冬梅给自己初中生活画下了一个圆满的句号。她站在校园的操场上，望着逐渐落下的夕阳，心中满是对未来的憧憬。三年时光如流水般匆匆而过，她在知识的浸润下，在责任的鞭策中，逐渐成长为一名自信且自强的女孩。她知道，未来的道路仍会有曲折和挑战，但她已经学会在风雨中找寻属于自己的方向。

那个时候，她的心中有一种坚定的信念：无论未来有多少不确定，我都会迎难而上，书写属于自己的精彩人生。初中的生活成为张冬梅生命中一段难忘的经历，让她在成长的旅途中学会了坚强与勇敢。

⊙ 1980年，张冬梅（前排左二）初中毕业照

年少路口的温暖与执着

1980 年，仲夏的阳光洒落在新街口中学的校园里，张冬梅正式开启了高中生活。

虽然母亲的身体逐渐恢复，但张冬梅在努力刻苦地学习的同时，依旧肩负着做家务的重担。这些事情似乎早已成为她生活中的一部分，但她并未感到疲惫，反而从中感受到一种踏实和温暖。

然而，世事常不如人愿，张冬梅高中多年的努力并未换来预期的成绩。

高考成绩单揭晓的那一天，她紧张地盯着那张写满分数的纸张，心中满是忐忑。当她看到那个远低于自己所希望的分数时，内心的失落如潮水般涌来，几乎要将她淹没。她无助地坐在桌边，眼泪滑落，心中一阵苦涩。

天空阴云密布，张冬梅拖着沉重的步伐走回家。她心中有种说不出的沮丧，脑海中不断回响着同学们的欢笑与讨论声，而她却只能忍住失落，默默地承受痛苦。

"冬梅，怎么了？你的成绩怎么样？"

"妈，我……我没有考好。"

"没关系，冬梅，咱们还有机会。"

"可是，我觉得我辜负了您的期望。"

张冬梅的声音颤抖着，泪水再次涌出，模糊了自己的视线。她心中无比焦虑，仿佛一只失去方向的鸟儿，无法再找到归属。

"你要相信自己，人生不可能一帆风顺。我们可以一起面对这个困难。"母亲紧握住张冬梅的手，轻声安慰，给予她温暖与力量。

张冬梅感受着母亲的温暖，心中一阵感动："我想复读一年，希望能在明年的高考中取得好成绩。"

"复读确实是一个选择，但你要知道，复读的过程可能会很辛苦，你准备好了吗？"

"我准备好了，我不想放弃这个机会。"

"既然你有这个决心，妈妈支持你。努力学习，坚持下去，争取在明年高考中取得好成绩。"

决定复读后，张冬梅便和有着相同目标的同学一起报名参加了补习班，准备迎接新的挑战。

在补习班的教室里，张冬梅努力跟随老师的节奏，认真听讲，及时向老师请教问题。她的手指在课本上飞舞，笔尖划过纸张的声音像是在诉说她的不甘与拼搏。

母亲也常常在家中陪伴张冬梅复习。张冬梅深知，这是为自己的梦想努力奋斗的重要时刻，决不能再次辜负母亲的期待。

那时，居委会还为待业人员介绍了工作。张冬梅便去报名参加了街道新开设的毛织厂学习班，希望能在那里学到一些本领。

听到要学习织毛衣的消息，张冬梅满是期待。虽然之前和院子里的大姐姐学过钩绣，但织毛衣这种系统、专业的活儿她还是第一次干。

在大礼堂里，看到其他年轻人认真地织着毛衣，张冬梅也迅速融入其中，认真学习，心中暗自发誓要织出一件漂亮的毛衣。

初次领到一斤开司米毛线和四根毛衣针，张冬梅兴奋得几乎难以自持。她坐在家中的小桌子旁，细心地缠线。起初，她的手法笨拙，把线缠得乱七八糟。

张冬梅的姥姥恰好在家，看到这场景，没好气地说："瞧你弄这大疙瘩，都半夜了，还要摘这些线！你说你不会弄，领这个干吗？"

姥姥的话不禁让张冬梅感到挫败，但她在心中暗暗较劲："我一定能学会！"

心有多大，舞台就有多大。在毛织厂学习的一个月里，张冬梅经历了无数次失败与挫折，但也收获了成长与自信。她全身心地投入织毛衣的工作中，经过不懈努力，终于顺利通过质量检查考核。

虽然张冬梅织毛衣的速度相对较慢，需要一个月才能完成，但那是因为她对质量的要求非常高。

当时，质检人员非常认真地对张冬梅的毛衣进行了测量和检查，要求每8个半麻花都要符合标准，而张冬梅织的毛衣正好是8

个半麻花，无论是横向还是纵向的麻花数量都完全符合要求。此外，袖子和肩部是毛衣制作中需要特别关注的部位，因为这些部位需要以精确的尺寸来保证穿着的舒适度。质检人员对这些部位进行测量时，发现张冬梅的毛衣尺寸完全合适，没有任何偏差。

"这件毛衣的尺寸和质量都符合标准。你做得很好！"质检人员认真地检查着张冬梅织的毛衣，脸上露出赞许的神情。那一刻，张冬梅的心中如同盛开了一朵灿烂的花，骄傲涌上心头。

"我没想到我能做到这一步！"她自言自语着，心中满是激动。她从未想过自己能用双手创造出这样的成果。14块钱的报酬是她努力的回报。

那晚，回到家中，看到母亲的笑脸，张冬梅忍不住把喜悦分享给母亲："妈，我织好了一件毛衣，并且通过了质量检查！"

"真棒，冬梅。妈妈为你感到骄傲！"母亲握住她的手，感到很欣慰。

种下什么，就会收获什么。张冬梅在这一刻明白，所有的努力与付出，终究会在生命的某个节点绽放出耀眼的光芒。

随着复读生活的持续推进，张冬梅的内心愈发坚定。面对复读所带来的压力和焦虑，她学会了如何调节自己。有时她会在书桌前静静地看书，有时会与朋友们一起去操场运动，释放压力。课余时间，她也会继续帮母亲做一些力所能及的家务。家庭的温暖与支持给予她源源不断的动力，让她在学业和生活之间找到平衡。

"我一定要让妈妈为我骄傲。"张冬梅常常在心中默默祈祷。这样的决心如同种子，埋在她的心中，慢慢生根发芽。

然而，光阴似云烟，淡然而飘逝。张冬梅逐渐意识到，面对未来，她必须重新作出决定。她了解到，当时学校的升学率并不高，班里几乎没有同学能考上大学，大家大多考入中专。这个现实令她心生不安，她知道，如果不能在学业上取得突破，就可能面临失去更好机会的风险。

"如果复读不成，那我未来该如何选择呢？"这个问题在张冬梅的脑海中不断盘旋。

第三章　匠心初绽的岁月

扫码解锁

◉群英颂歌 ◉初心使命
◉工匠技艺 ◉奋斗底色

人生的转折点

1982 年的一个冬日黄昏，母亲郝凤英下班回来，轻声地问道："冬梅，同仁堂正好有接班机会，你愿意去工作吗？"

这个问题如同寒风中的一根刺，让张冬梅心头微微一颤。

她面临人生的重大选择：是再一次参加高考，还是接母亲的班，进入同仁堂工作。

"妈，如果我去那儿工作，真的能做好吗？"

张冬梅低下头，目光转向窗外，内心充满犹豫。虽然她知道这是最后一个能够享受接班福利的机会，但她却感到，无形的压力压得她喘不过气来。她的内心感到些许不安："如果做得不好，岂不是让您丢脸？"

"冬梅，你接班后，工作地点就在咱们家胡同旁边。只需要两三分钟的时间，每天上下班非常方便。"母亲说。

听着母亲的讲述，张冬梅心中有些动摇，然而，她又想起同仁堂的传承与责任，心中那份对未来的憧憬与不安交织在一起，令她难以平静。

"如果我做得不好，大家会怎么说？会不会因为我做得不好而影响您的名声？"她的心情愈加沉重，脸上的担忧清晰可见。

母亲握住张冬梅的手，感受到她心中的犹豫不决，安慰道："别担心，冬梅。接班并不是你一个人的事情，我们是一起的。再说，我有很多同事也选择了提前退休，而你作为最后一批可以接班的孩子，这份工作是你能传承母亲的经验的机会。"这番话让张冬梅心头一震，一种责任感和使命感在她的内心深处悄然生长。

张冬梅仍感到焦虑："如果我选择在同仁堂工作，未来的路似乎可以一眼望到头。"但她又想到学校的升学率，继续复读对她来说也充满不确定性。"可是，如果我不接班，难道要失去这个机会吗？"

经过内心一番挣扎，张冬梅终于下定决心："妈，我愿意接班，我会努力工作的。"她的声音中透出一丝坚定，心中暗想："既然选择了，我就要全力以赴。"

尽管这并不是她最初的人生规划，但在命运齿轮的转动下，她意识到，即使有些路并非预先设想，却也可能走出一片属于自己的天地。

就这样，张冬梅开始考虑接班的实际问题，并最终在母亲的帮助下进入打磨厂顺利接班，正式踏上在同仁堂工作的职业道路。作为最后一批能够享受接班福利的年轻人，张冬梅的责任感不仅源于对母亲职业的延续，更在于内心的自我要求——要做得比别人更好，不辜负母亲的期望。

搓板之上练真功

初入同仁堂，车间的空气中弥漫着浓郁的药香，几乎每个角落里都透出百年老店的厚重感和文化底蕴，墙上的字画静静地诉说着中药的传统与智慧，台面上摆放着整齐的药材，仿佛在等待着张冬梅的到来。

这一刻，张冬梅知道，这份工作不仅是学习传统中药制作的机会，更是一段实现母亲期望的旅程。她怀揣着期待与责任感，踏上了新的旅程。

在正式开始工作之前，张冬梅参加了入职考试。经过一番认真思考与细心作答，她满怀期待地交上试卷，希望能如愿以偿。最终，多年的积累使她收获了"双百"的佳绩，为她的入职之路赢得了一个"开门红"。

入职后，公司为让员工全面了解单位内部的各个工序和工作流程，安排了为期半年的岗位轮换实习，每个岗位大约需实习一个月。

与其他刚毕业的实习生一样，张冬梅知道，只有通过实践，才能掌握真正的技能。

随着实习的推进，张冬梅认真体验制药的每一个环节，逐渐掌握制剂、研配、合坨和制丸等各个车间的工序，同时对每个车间的工作流程和操作方法都有了全面了解。经过这样的轮岗实习，她不仅拓宽了视野，更增强了自身的适应能力。

实习期间，张冬梅有幸赶上了制剂车间进行"搓安牛"（手工搓制安宫牛黄丸）的工作。这是一种珍贵的急救药物，被誉为中药"温病三宝"之首，享有"救命神药"的美誉。别看这颗小小的药丸重量仅为三克，但其价格比黄金还昂贵，制作工艺复杂至极。它以牛黄、牛角粉、麝香、珍珠、黄连等十一味名贵药材为主要成分，它的制作需要研配、合坨、制丸、内包、蘸蜡、打戳及外包等十几道工序，它可用于治疗卒中昏迷、高热抽搐等急症，具有开窍通闭、清热解毒的独特功效。

安宫牛黄丸的药效非常神奇，既能在危急时刻挽救患者生命，也能够用于调理慢性疾病，预防心脑血管疾病的发作。正因如此，每一颗药丸的背后，都凝聚着药师们的精湛技艺与其对生命的深深敬畏。

师傅告诉张冬梅："你赶上了好时候，前面几批实习生都没有这个运气。安宫牛黄丸是纯手工制作的，每年生产的批次有限，所以不是每个人都有这个学习机会的。"

每每听到这些，张冬梅的心里便充满干劲。她暗下决心要珍惜这次机会，尽全力学会这项传统技艺。

希望是生活中的花朵，然而有时却在失落中凋零。

当张冬梅第一次站在制药台前，看到散发着热气的药坨时，心中既有期待，也有些许紧张。师傅先是给她分配揉坨的任务。这一步骤是搓制安宫牛黄丸的开端，也是打条的基础。药坨由药粉和蜂蜜混合而成，刚经过加工的药坨温度很高，揉起来十分烫手。张冬梅看着师傅熟练地将药坨揉成一个光滑的球体，再轻轻摊平，她也跟着小心翼翼地模仿师傅的动作，试图将药坨的边缘一点点地推开。

可是，刚一接触药坨，张冬梅的手就被烫得通红，她不由得将手缩了回来。

师傅看在眼里，笑着说道："这药坨的温度高。刚揉的时候，手是会烫得发红的，要慢慢习惯。你的力度还不够，揉药坨跟揉面团可不一样，要揉得均匀细腻。"

"师傅，我真没干过这些活儿。我们家吃米饭多，偶尔才吃面食。"张冬梅的脸微微一红，坦白道。

师傅听了哈哈一笑："那就回家多练练，和面练手感，手上功夫得先练出来。"

张冬梅暗自下定决心，一定要把揉坨的基本功练好。从那天起，她每天回家后就开始动手和面，不管是包饺子还是擀面条，只要是能练手的机会她都不会放过。母亲看着她这一双被烫得发红的手，心疼地说："累就别练了，手都快被烫伤了。"

但张冬梅依然坚持着："我必须练好，师傅说只有打好基础，才能做出好药。"

揉坨的过程看似简单，但其中的学问可不小。药坨的软硬程度需要靠双手的力度来掌控，不均匀的药坨会直接影响后面的打条和搓丸步骤。张冬梅反复尝试，终于揉出较为均匀的药坨，但此时她手上的皮肤也变得粗糙。

尽管如此，她心里却感到满足，因为她知道这是自己奋斗和进步的烙印。

在打条的工序中，张冬梅又遇到了新的挑战。所谓"打条"，就是将揉好的药坨搓成长条。这一步要求长条粗细均匀，否则接下来的搓丸便无法顺利进行。第一次看师傅演示时，张冬梅惊讶于细长的药条竟能在师傅手中流畅地成形，每一寸都毫无偏差。而她自己上手时，却总是打不好，揉出来的药条总是软硬不均，或者出现坑洼，无法达到标准。

"这手艺急不得，得慢慢练。你先感受药坨的质地，找到自己的节奏。"在感到十分沮丧时，师傅的话给了她一些安慰。

为了抓紧时间练习，张冬梅每天吃完午饭都会立即返回车间，与光阴竞舞。而回家后，她不仅继续和面，还专门买来一些塑料搓板模拟车间的操作。她在案板上搓起面条，不断地重复着车间里的动作。起初，她搓的面条总是因为力度掌握不好而断裂，手指上甚至被磨出一层厚茧。然而，她并未因此退缩，反而越挫越勇。她慢慢学会用手去感知面条的粗细变化，逐渐掌握那种使面条柔韧的力度。

只是，制剂车间实习期结束后，张冬梅依然没能制作出合格的产品。她心中既失落又不甘，想着这段时间的练习似乎还不足以让她真正掌握这门手艺。她甚至在深夜反复思索，究竟是哪里出了问题。

张冬梅回想起师傅的话中有两个关键因素，即"掌控力"和"感知力"，明白或许是因为自己的手法还欠火候，身体的感知力仍需磨炼。虽然在实习期内没能制作出合格的产品，但张冬梅对这门手艺的理解已经更加深刻。接下来的路还很长，她愿意用更多时间和耐心去磨砺自己。搓板上的每一根"大条"，不仅见证了她的进步，更见证了她对这一技艺的尊重与执着。

蜡火印初心

1983 年 6 月，张冬梅被分配到包装车间工作。这个车间的工作内容繁多，包括裹金、包玻璃纸、扣皮、蘸蜡、打戳及外包装等多道工序。除搓丸外，裹金、蘸蜡、打戳等工序全都要靠手工完成。厂子里几年前虽购置了一台搓丸机器，但高品质的药丸还是离不开手工的精细打磨。那些机器搓不出来的部分，依然要用手工搓板一点点完成，这也成了新来的工人必须掌握的基本技能。

张冬梅被安排在三车间 4 班，和许多像她一样的新工人一起，承担着各种包装任务。车间里一片忙碌的景象，蒸汽弥漫在空气中，带着些许中药的清香和蜡的气味，机器的轰鸣声中夹杂着工人们的交谈声，形成一种工厂特有的劳动节奏和旋律。

每天上班时，张冬梅都会经过长长的走廊，走向车间的深处。那里有一排排整齐的工作台，上面摆满待蘸蜡的药丸。四周因蜡锅的蒸汽而变得有些闷热。光线透过高处的窗户斜射进来，在地面上投下斑驳的影子。

张冬梅的工作从扦扦开始。新员工不能马上参与打戳，而要先从这项细致的操作学起。她拿起带有钢尖的扦子，十根扦子如针般尖锐，让她心头不由得感到一丝紧张。

"小心点儿，别扎到手！"旁边的同事轻声提醒她。

张冬梅点点头，深吸一口气，专注地把药丸一个接一个地放在这些扦子上，每根扦子通常放二十个药丸。尽管她的手指因小心操作而有些颤抖，但专注却使她的心跳节奏逐渐恢复平稳。

张冬梅知道，这项工作不仅需要个人的努力，更需要集体的配合。因为车间实行计件工资制度，所以每个人的工作效率都会直接影响集体收入。无论是打戳还是蘸蜡，速度都非常重要。在前期工作中，新员工需要快速地配合大家进行扦扦工作，以便尽快进入下一个环节。只有大家配合默契，才能实现共赢的目标。

起初，张冬梅经常因操作不当而扎伤手，那感觉如同被穿透无数个小孔洞般，疼得她直冒冷汗。有几次，甚至扎到指甲里，鲜血流出，她只好用力挤压伤口，努力让淤血流出，以免伤口肿起来。

　　扦扦这项工作十分辛苦，需要一定的技术和技巧。张冬梅知道，这不仅是一项体力劳动，更是一门手艺。为了做好这项工作，她必须不断练习，精益求精，同时要小心保护自己不受伤害。

　　日月如梭，星河为鉴。成功的花，来自艰辛的泥土。

　　张冬梅逐渐熟悉这项工作，能稳定地为其他师傅提供所需的扦扦。接着，她被安排去做蘸蜡的工作。

　　蘸蜡的工序看似简单，实则需要极大的耐心和精细的手艺。因为蘸蜡的产品需要达到一定的标准克数才能通过检查。如果蘸得不合适，蜡的厚度高于或低于标准，就必须退回去，重新进行蘸蜡的操作。

　　药丸经过蘸蜡前，首先要进行裹金处理。张冬梅将一张薄薄的金箔小心翼翼地、均匀地裹在药丸表面，确保没有多余的褶皱或裂口。裹金后的药丸闪烁着微微的光泽，看起来格外精致。但她知道，这只是漫长工序中的一小步。接下来，她需要用玻璃纸包住药丸，再套上一层塑料球壳，为药丸提供更好的防护。

　　"冬梅，包玻璃纸的时候一定要紧实，里面不能有空气，否则会影响药丸的保存。"

　　师傅在一旁耐心地指导着，张冬梅认真地点点头，手上的动作慢而稳。她知道，即使是看似简单的操作，如果做得不到位，也会影响药丸的整体质量。

　　扣好塑料球壳后，药丸才会被送到蘸蜡区。

　　蘸蜡时，张冬梅小心地将药丸浸入，将其浸入温度适宜的蜂蜡溶液中。这一层蜡能有效隔绝湿气，防止药丸受潮变质。她知道蘸蜡的关键在于保持稳定的速度和力度，蜡的温度也必须控制在合适的范围内，否则蜡层会过厚或过薄。她将药丸缓缓提起，看到蜂蜡溶液从药丸表面滴落时，不由得松了口气。尽管如此，每次操作时她还是会感到手指微微颤抖。这种紧张感让她更加谨慎，她努力确保每一颗药丸的蜡层都光滑均匀。

学会蘸蜡后，张冬梅又马不停蹄地投入打戳工序中。

每批药丸在打戳前都必须精确核对数量。当时，为了保证生产过程的严谨性，车间内实行严格的三级管理制度。从领料开始，便有厂级、车间级和班组级的各级监督，每一环节都必须经过严格的数量和质量把关。

领料时，厂级管理负责对原料的数量和种类进行初步确认；车间级管理负责仔细核对领料的准确性，确保符合生产要求；班组级管理负责对领料过程进行现场监督，每一个步骤都有记录，任何细节都不能有疏漏。

张冬梅需要仔细确认打戳时每一盘是否正好有五十颗药丸，多一颗或少一颗，都意味着出了差错，需要追溯之前的工序环节。她深知，这不仅是为了完成任务，更是对得起自己所肩负的责任。

"这药上多了一颗，说明有空丸；少了一颗，也必须找到原因。"师傅的叮嘱时时萦绕在张冬梅的耳边。她时刻提醒自己，每一颗药丸都是病患的希望，出现的任何偏差都可能影响整体药效。

打戳这一工序是将药丸的产品信息、生产日期印在药丸表面的蜡层上，过程看似简单，实则需要精准度，要避免因印刻不清而给公司带来麻烦。

对于出口的产品，工人通常会打上金色戳记；而对于内销的产品，工人会打上红色戳记。这样做是为了更好地区分不同产品，以满足不同市场的需求。

张冬梅将打戳工具对准药丸的中心，用力按压，使蜡层上的字迹清晰地浮现出来。每次操作，她都力求做到一丝不苟，确保字迹清楚、位置居中。如果戳印模糊或不完整，就意味着这个药丸的质量不达标，需要重新处理。

"冬梅，你看。这个戳打得有点儿偏，再试试。"质检员指着她刚刚完成的一颗药丸说道。张冬梅点点头，心中不免有些紧张，便再次拿起打戳工具，对准药丸，深吸一口气，然后用力按压。打戳的声音清脆而有力，她看着新打出的印记，终于露出满意的微笑。

打戳后的药丸还要经过外包装处理。到了外包装环节，同样不能有丝毫懈怠。每位员工都会根据当天的目标领用相应数量的药丸，领料卡上清楚写明每一盘药丸的数量。张冬梅按照要求，将药丸放入包装盒内，再将这些包装盒依次装入外包装箱内，一一核对清楚每一箱的数量、日期、批次。

"每一步都不能马虎，最终的数量一定要对得上。"

这是师傅们时常挂在嘴边的叮嘱。张冬梅深知，在这个过程中，任何小差错都会影响产品的成型率和合格率，因此每次下班前，她都会认真核对所有数据，确保无一差错。

每天在这些严格的规章制度下工作，张冬梅逐渐习惯了紧密的生产节奏和精细的操作要求。车间内弥漫的中药气味，与车间打戳时发出的清脆声响一起营造了浓厚的工作氛围，这种声响仿佛成了她工作中不可或缺的背景音乐。

越努力，越幸运。在这一年里，蘸蜡和打戳的工作逐渐成为张冬梅的拿手活儿。

她从刚开始的生疏、手忙脚乱，逐渐变得得心应手。车间里每天传来的打戳声，仿佛成了她工作中的节奏和旋律，让她在繁忙的生产线上找到一丝归属感。

在包装车间工作的八年里，张冬梅在蘸蜡和打戳这两道工序上磨炼出不凡的技艺，也形成了自己独特的工作风格。

从 1984 年起，车间每年都会组织一次质量评比，将所有负责打戳这项工艺的工人集中在一起进行比赛，通过无记名投票的方式，评选出一、二、三等奖。在评比中，张冬梅屡次荣获一等奖。因为她非常注重细节，每次打的戳都非常标准，形状都是完美的正三角形。这不仅是工友们对她技艺的认可，更是她努力坚持后应得的回报。

尽管如此，张冬梅始终保持着谦虚的态度。她知道，虽然自己已经掌握这些基本工序的操作要领，但在整个制药流程中，这还远远不够。每一个工序看似简单，实际上都需要长时间的磨炼与积累，才能达到娴熟的水平。她在心中默默立下目标，要在未来的日子里不断提高自己的技艺，成为真正的"制药能手"。她明白，这些看似简单的工序，是她职业生涯的起点。

学习点亮奋斗路

1985 年，张冬梅已经在同仁堂工作了两年多，积累了丰富的实践经验。然而她深知，实践固然重要，但理论的支撑才是长久发展的关键。心中那股对知识的渴望，如炽烈的火焰始终在她心底燃烧不熄。在 1985 年的夏天，张冬梅决定报考北京市医药总公司[1]下属的职工中等专业学校，以半工半读的方式，系统地学习中医药知识，以弥补自己在理论上的欠缺。

为了能顺利入学，张冬梅一边在工厂忙碌工作，一边抽空复习。她还常在繁忙的工作之余，挤出时间参加补习班。最终在北京市的统一考试中，她如愿考入心仪的学校。

这所职工中等专业学校是张冬梅心中的学习圣殿，凝聚着中医药的精华与智慧。校园里，阳光透过树梢，洒下斑驳的光影，伴随着清新的药香，仿佛每一缕风都在诉说古老的中医药文化。

初入校园，张冬梅便被丰富多彩的专业课程所吸引。中药调剂员、中药保管员和中药塑丸工等专业名称如同一扇扇窗，透出

---

[1] 现为北京医药集团有限责任公司。

她对中医药世界的向往。

为了平衡学习与工作，张冬梅付出了巨大的努力。根据单位的排班制度，她每周有一天固定的休息时间——周四，她便在这天赶去上课。此外，学校每周还有几个半天的课程安排，她利用上午或下午的空余时间赶往学校上课。为了不影响工作，她常常需要提前完成岗位任务，甚至会在别人休息时加班补上自己的工时。

在学校里，张冬梅如饥似渴地学习各种有关中医药理论和工艺的结合方法。校园生活充实而忙碌，她的日常被课程与实践交织成一幅多彩的画卷。历史、理论、实践，每一节课都犹如一颗珍珠，串联起她对中医药的热爱。在中药制剂课堂上，她不仅学习到基本理论，更在老师的指导下，参与了药材的调剂和制备。每当用手中的工具一丝不苟地制作药丸时，她的心中总会涌起一种无与伦比的成就感。

课堂上，老师的声音如同清泉，滋润着张冬梅对知识的渴望。张冬梅聚精会神，认真倾听，生怕错过每一个细节。她逐渐领悟到，制药不仅仅是技术技艺的积累，更是对生命的敬畏与对传统的传承。

每当周四来临，张冬梅的心中总是充满期待，因为那天是她的外出实习日——上山采药。她迫不及待地想要体验在大自然中学习的乐趣。

那是一个阳光明媚的秋日，午后，张冬梅和同学们在老师的带领下，走出教室，踏上前往山里的小路。一路上，微风轻拂，鸟儿在树梢上欢快地鸣叫，张冬梅感到无比兴奋。在山上，同学们开始学习认药，老师细心地介绍着每一种药材的特征和用途。

"这是甘草，性味甘温，具有调和诸药的功效。"

张冬梅认真地听着，不时做个笔记。张冬梅发现，每一种药材都有着不同的用途，犹如大自然的恩赐，等待着她去发掘和理解。张冬梅和同学们一边学习，一边兴奋地在山间穿行，观察着周围的植物，寻找着老师所讲解的药材。

采药的过程既有趣又充实，让张冬梅感受到了大自然的神奇和中医药文化的博大精深。

"冬梅，你看，那边有一片白芍。"一个同学兴奋地指着山坡上的白花对张冬梅说。

张冬梅听后，急忙跑过去，仔细观察，生怕错过这难得的学习机会。老师也跟了过来，教他们如何辨别白芍与其他相似植物。

"白芍的叶子比较光滑，花瓣呈白色，它的根部是其入药的部分。"张冬梅认真记下这些知识，心中充满敬畏感。

然而，面对如此丰富的药材，张冬梅清楚地知道，她必须不断学习，才能更好地将知识应用到生产上。为了提升自己在这方面的能力，她不仅在课堂上认真听讲，课后也时常翻阅书籍复习。此外，张冬梅常常利用上课间隙，向老师请教自己不懂的问题。老师不仅耐心解答，还鼓励她大胆地提出自己的想法。

"冬梅，辨识药材不仅仅是应对考试时所需要的技能，它真正的价值在于实际中的灵活运用。"老师的一番话在张冬梅心中留下了深刻的印象。她开始在课后主动参与药材的前期处理工作，逐渐积累经验。虽然药材的前期处理工作十分烦琐，但张冬梅却在其中找到了乐趣。每一次操作，她都如同进行一场科学实验，努力将理论知识与实践相结合，达到学以致用。

"虽然考试的时候我认识很多药材，但其实平时用得着的就那么几种药材。"张冬梅承认，虽然在考试中她能够轻松记住很多药材，但在实际工作中，认识那些经过炮制的药材才是最重要的。随着时间的推移，她对这些药材的理解愈发深入，并逐渐形成了自己独特的见解。

"药材的使用并不止于组方，更多地蕴含着对患者的关心与关爱。"张冬梅的老师常常这样提醒她。

这种对患者的关爱，让张冬梅意识到，想要成为一名"制药能手"，她不仅需要扎实的理论基础，更需要将这些知识真正地应用于实践中，才能帮助他人。

1988年7月，张冬梅如愿完成学业。她手握毕业证书，心中满是骄傲与自豪。这个证书不仅是对她努力的认可，更是她人生路上的重要里程碑。然而，张冬梅明白，前行的征程远不止于此，新的挑战与机遇等待着她。

第四章　深耕技艺的匠心传承

扫码解锁

◉群英颂歌 ◉初心使命
◉工匠技艺 ◉奋斗底色

技艺磨砺之路

1991 年 6 月，夏日的阳光透过制丸车间的窗户洒在药材堆上，车间中散发着淡淡的药草香。张冬梅站在车间门口，心中满怀激动和期待。

张冬梅终于能正式接触安宫牛黄丸的制作，虽然在实习期有幸参与过搓制安宫牛黄丸的工作，但只赶上过一次，她的内心始终渴望着真正加入制作安宫牛黄丸的行列。

这一次调动对张冬梅来说，不仅仅是一次工作岗位的变动，更是一次难得的学习机会。自从接触安宫牛黄丸的制作，她就被其独特的药效和背后复杂的工艺深深地吸引了。过去实习期间，她在二车间工作，学习到了机器搓丸的基础技术。然而，机器搓丸与手工搓丸有着本质的区别。机器可以帮助药师提高制作效率，但手工操作所需的手感和技艺却无法被机器所替代。

车间内不仅药材种类繁多，而且每种药材的质地和功效各不相同，这也导致每一种药材的搓制手法都有所差异。在这里，她需要面对的不再是机器单一乏味的操作，而是需要根据药材的性质灵活调整手法的传统技艺。这意味着她的学习之路才刚刚开始，还有大量的知识与技能等待着她去掌握。

尽管之前在二车间的实习经历给张冬梅打下了一些基础，但她深知，这只是学习的第一步。新的环境意味着她需要应对更多挑战，同时有更多机会去锻炼和提升自己。药品种类的丰富多样，使她每天都要面对不同的药材和工序。这些珍贵的药材，每一种都有其独特的处理方式，从称量到搓揉，再到最终成型，每一步都至关重要。

制作安宫牛黄丸的工作并不容易。安宫牛黄丸的制作不仅仅是简单的搓丸，其过程是由一系列精细、复杂的步骤组合而成。张冬梅回忆起自己初次参与安宫牛黄丸制作时的情景，所有人都必须按照严格的顺序进行操作。车间里的工作人员被分成多个小组，每组两人，大家各司其职，协同作业。

在这些小组中，一部分人负责揉坨和分坨，将药材揉成适当的大小和形状；一部分人负责称秤，精确称出每个坨的重量；还有人负责搓丸，将坨搓成大小均匀的圆形药丸；紧接着，是负责称丸的工人，要确保每一颗药丸的重量符合要求；最后，还有人负责码盘数药，将做好的药丸整齐地放在盘子上，并进行计数。每一道工序都有其独特的要求和技术难点，任何一个步骤的疏漏都可能影响整个生产线的效率和产品的质量。

在一天的工作中，整个车间的工人都要按照这个顺序和步骤进行操作，每个人轮流承担不同的职责。张冬梅所在的团队被分成两个小组，每个小组都由一名正班长和一名副班长带领，合理分配任务，以确保生产有条不紊地进行。

这种分组和轮换的方式，不仅提高了工作效率，还加强了团队之间的协作和配合，使每位工人都能掌握多种技能，并在不同的岗位上发挥作用。

车间里的气氛总是紧张而热烈，伴随着机器的轰鸣声，所有人像上了弦的发条一样高速运转。每年的安宫牛黄丸手工搓制任务并不多，通常只有几批，但正是这几批工作点燃了车间工人们的热情。

每到这时，车间的工人们总要组织内部比赛以提高彼此的积极性。比拼规则是两个组进行对抗，看哪一组能够更快地搓出符合要求的药丸。每个参赛者只有一次机会，如果搓出来的产品不合格，就必须重新搓制。张冬梅暗暗祈祷，希望自己的努力能在此时开花结果。

比赛开始后，张冬梅看着身边的师傅们，心中既激动又忐忑。她能感觉到师傅们的熟练和自信，他们像一台台高效运转的机器，他们的动作迅速而稳健，产品在他们的手中轻松成型。每个人都在认真地搓制，几乎在同一个瞬间，师傅们便成功搓出五六根药条。每一根都光滑亮丽，完全符合标准。

张冬梅目不转睛地看着师傅们将这些产品推进去进行质量检验。所有产品一次性通过质量检查，赢得全场喝彩。那一刻，张冬梅不由自主地羡慕起师傅们的熟练，心里想着：如果我也能做到这样，那该多好啊！

然而，当轮到自己搓制药丸时，紧张的气氛让张冬梅的手心渗出一层薄薄的汗水。她拿起一块药坨，努力地让自己的动作稳重而准确，但此时的药坨在她手中，却总是难以成形。最终，她只搓出一根药条，且形状不佳，表面有些粗糙。当这根药条被小心翼翼地放到秤上时，她心中暗自祈祷，希望它能符合要求。然而，结果却让她心如死灰——这根药条不合格。

"真是太糟糕了！"她无奈地将这个产品丢掉。

张冬梅知道，比赛的时间还在流逝，她必须快速地重新搓制。她意识到，虽然心中有着对胜利的强烈渴望，但实力的不足却成为她最大的障碍。

在比赛中，师傅们的产品质量非常高，合格率也非常突出，这样能够极大地减少返工次数，使他们能集中精力搓制更多药丸。看着他们一次次搓出高质量的产品，张冬梅不仅羡慕，更深深地感到一种无形的压力。

比赛结束后，张冬梅的内心波澜起伏。尽管在比赛中没有取得理想的成绩，但她意识到，若想在这条充满挑战的道路上不断前进，就必须提高自己的技术水平。

后来，班组很快实行轮班制度，以应对日益紧张的工作节奏。这样的改变使每个工人都能在不同的岗位上得到锻炼，减轻了个别工人身上的负担，同时提高了车间整体的工作效率。

在工作过程中，一旦某组搓制的产品全部达到合格标准，团队便需要立即更换下一组产品进行搓制。张冬梅清楚，如果工人们在搓制时频繁出现不合格的产品，就必须一直将这一组产品搓制到完全合格为止，这不但影响他们的工作进度，也会降低整个团队的工作效率。因此，大家都不得不加倍努力，以确保每一颗药丸的质量都符合标准。

这不仅是对技术的考验，更是对耐心和毅力的挑战。在这个高强度的工作流程中，大家都按照固定的循环工序进行。如果某个环节的工作效率稍慢，就会直接影响整个团队的效率。张冬梅注意到，一旦搓制的速度过慢，药材就会迅速冷却，使后续的搓制变得更加费力和困难。她在心中默默提醒自己，必须抓住每一次搓制的机会，趁着药材的温度尚在，快速而准确地完成每一个搓制步骤。

在制丸车间工作的日子，张冬梅不仅仅是在学习技术，更是在体会一种传承百年的工匠精神。她深知，安宫牛黄丸的独特之处，不仅在于其珍贵的药材和神奇的药效，更在于其背后那一代代药师不懈传承的精湛工艺。每一个搓丸的动作，都是对中药文化的致敬；每一颗药丸的成型，都是对人们健康的守护。在这样的信念支撑下，她迎接着每一天的新挑战，不断精进自己的技艺，朝着成为一名合格药师的目标迈进。

打磨千次为成丸

清晨的同仁堂车间，空气中弥漫着药草与树脂的浓郁香气。张冬梅一如既往地早早来到工厂，推开厚重的木门，看到光线透过门缝洒在桌上，映照着摆放整齐的器具。她深吸一口气，开始了一天的工作。

张冬梅刚调入制丸车间时，总是被分派完成较简单的工作任务，比如，揉坨和分坨，但她并不满足于此。安宫牛黄丸的制作共分十几道工序，每一道工序都需要极高的专注力与技艺，而搓丸工序，便是其中最为精细，也最为关键的一环。张冬梅明白，真正的技术在搓丸这一环节，要想让药丸达到形圆、光滑、重量精准的要求，必须经过大量练习。

张冬梅还记得自己第一次接触上搓板的工序，是在制剂车间看师傅搓丸的时候。

只见师傅手法娴熟，将药条在搓板上来回滚动，药条便变成一颗颗圆润的小药丸。看着那一颗颗药丸，张冬梅心里生出一种新奇感，她忍不住凑到师傅跟前问："师傅，我能不能试试？看着挺有趣的。"

师傅瞥了她一眼，笑着说："你想搓？行啊，中午吃完饭赶紧回来，我教教你。"

张冬梅一听高兴极了，立刻应道："好嘞！"

到了午饭时间，张冬梅随便扒拉了几口饭，便急匆匆地赶回车间，心中充满期待。她回来比平时早得多，生怕错过这个难得的学习机会。

"既然回来了，那就开始吧。先打个药条，打完药条再上搓板。"

师傅站在操作台边，看着她气喘吁吁的样子说。

张冬梅赶紧撸起袖子，开始熟练地揉坨、打条。这一次，她的打条动作比以往更快，条的粗细也算均匀。她把打好的药条小心地放在搓板上，学着师傅的样子，将药条轻轻地压在搓板上，开始尝试搓丸。

然而，事情并不如她想象得那么简单。她刚开始搓时，药条一点儿也不听话，搓出来的药丸一个个瘪塌塌的，形状歪歪扭扭，完全没有师傅搓得那般圆润。她的额头渐渐渗出汗珠，手掌的力道也变得忽大忽小。

"这到底是怎么回事？"她心里焦急地想着，"为什么我总是搓不圆呢？"

师傅见她这副模样，走上前耐心地说："你用力的方法不对。搓丸不仅是力气活儿，药条在搓板上滚动时，你还得用手去感受它的重心变化，让它顺势而动。来，我示范给你看。"

说着，师傅接过张冬梅的药条，用手掌轻轻压在搓板上。师傅稍稍用力，药条便在搓板上灵活地滚动起来，片刻后变成一颗圆滚滚的小药丸。

师傅说："你看，这叫'掌控力'，你得用手感去调节力量。刚开始力度可以放轻点儿，让药条自己在搓板上滚动起来，再慢慢增加力度。搓丸不是用'死'力气，得掌握好那种柔和的节奏感。"

师傅的话让张冬梅茅塞顿开。她重新调整心态，按照师傅的示范，开始尝试放轻力度，让药条自然滚动。

接下来的几次尝试依旧没有完全成功，但张冬梅感觉自己已经逐渐掌握其中的诀窍。她闭上眼睛，用心去感受搓板上的纹路，感受药条在搓板上的滚动。当她再次睁开眼时，手中的药丸虽然还不够完美，但已初具形状，圆润了许多。

"还行，有进步。"师傅满意地点头说，"慢慢来，多练习就能找到感觉了。"

张冬梅听后，心里更有底气了。她知道，这看似简单的搓丸工序，实际上蕴藏着无数的技巧和学问。

虽然张冬梅在实习期间有幸参与了搓制安宫牛黄丸的工作，但那时的她并未制作出合格的产品。她坚信，每一次摔倒，都是灵魂的沉淀，为其下次腾飞积蓄力量。来到制丸车间后，张冬梅重整旗鼓，下决心将曾经的挫折化作奋斗的动力。

她双手捧着揉好的药坨，感受着其质地的变化，试图找到其中的最佳手感。搓丸的技术虽然复杂，却没有所谓的"捷径"可走。师傅们往往不愿轻易让她尝试搓丸，毕竟，机会往往留给有准备的人。张冬梅深谙这个道理。

张冬梅站在搓丸的机器旁，双手轻轻捧着揉好的药坨，目光紧紧跟随着师傅们的动作，心中在暗暗着急，却只能伫立在一旁，看着自己错失搓丸的机会。她发现，当师傅们搓得最快时，其手腕的旋转有一种独特的节奏，那节奏使药坨在他们手中犹如流水般自如地成型。

师傅们的手法快如闪电，不到半天工夫，一万颗药丸已经搓完。他们一甩手，笑着说："今天的活儿干完了，咱们下班吧！"

张冬梅只能眼巴巴地看着他们潇洒地离开。她明白，自己还是个生手，搓得慢，手不稳，经常需要返工，耽误时间，还可能影响大家的下班时间，师傅们自然不愿意让她上手。

"你就看着，别摸。"这是她最常听到的一句话。

起初，张冬梅对这项技术感到害怕，她担心自己无法搓好，从而影响工作进度。于是，当其他师傅搓丸时，她就在旁边仔细观察，看他们是如何操作的。尽管如此，张冬梅也并没有灰心。她知道，要想在这条生产线上真正站稳脚跟，就必须争分夺秒地加强练习。

"一遍不行就十遍，十遍不行就一百遍，一百遍还不行就做一千遍！"

张冬梅暗暗决定，每一天中午吃饭的时间她都要好好利用起来。于是，当别人去休息的时候，她就趁机抓起几条药坨练习搓丸。她拿起搓板，开始搓制药条。如果搓得不好，她就去学习别人的方法，然后反复练习。即使再不顺利，她也会继续学习、继续练习……每天，她都要重复同一个动作成百上千次，以至于胳膊疼得抬不起来，吃饭时连拿筷子的手都在颤抖。

每一个不曾起舞的日子，都是对生命的辜负。

有几位年轻工友和张冬梅一样，对学习这项技术充满了期待，他们时常在车间里凑到一起，互相研究搓丸的技巧。每当围在一起时，他们之间总有一种默契，仿佛这片狭小的车间就是他们的学堂，师傅们就是最好的教材。

"你试着稍微用力一点儿，转得再快一点儿，药丸应该就不粘了。"一个师傅说。

"别光用力，要用手腕的力量，让药坨自己在手里转。"另一个人接道。

张冬梅听得格外认真，每一次讨论后，她都迫不及待地尝试新的方法。

那些日子，张冬梅的午饭时间几乎都献给了搓丸这项技术。她在药坨的滚动声中度过每一个中午，手上磨出的老茧渐渐增多，药丸的光滑度也在一点点提升。有几次，她终于能在午饭时间里完成几颗药丸的搓制，而且形状和重量都达到了标准。那一刻，她感到一种前所未有的成就感，就像在沙漠中看见了绿洲，尽管绿洲还小，却足够让她坚定地生存下去。

通过大量练习和细心揣摩，张冬梅逐渐找到了搓丸的感觉，搓出的丸药也越来越符合标准。后来，她已经能够做到手工搓丸一次成型率达100%。在制丸车间的这些年里，每天和大家一起工作，欢声笑语不断，她感到无比愉悦。那时候，她没有什么烦恼和忧虑，只需要专注于自己的工作，做好手头的事情就足够了。

那一刻，她又想起刚步入同仁堂时师傅对她的谆谆教诲……

铭记心间的箴言

张冬梅还记得刚步入同仁堂时，自己还是个初出茅庐的学徒。那时候，同仁堂拜师其实并没有固定的形式，她也没有正式的师傅。每到一个车间，就跟随那里的师傅学习；学完一段时间，再去往其他车间，继续跟新的师傅学习不同的技艺。

最初，她被分配到夏师傅门下，开始学习同仁堂几百年传承下来的制药技艺。

师傅是一位经验丰富的老药工，不仅技艺精湛，而且待人真诚，尤其喜欢给她讲解同仁堂的精神和传承。她常说："我们同仁堂的药师，必须凭着自己的良心去制作那些可以救人于危难之中的药物。这是我们同仁堂药师一代代传承下来的规矩，也是我们的职责和使命。"

⊙ 1992年，张冬梅（后排右二）与班组同事在圆明园合影留念

⊙ 1992年，张冬梅（后排右二）参加公司首届田径运动会

师傅的话让张冬梅一开始便深刻理解到，药师的职责并不仅仅是在药柜前配药那么简单，他们更是肩负着一份重大的责任。

在随后的日子里，张冬梅总是小心翼翼地学习师傅的每一个动作、每一门技艺，记住她的每一句叮嘱。那些看似平凡却又意义深远的箴言更让她获益匪浅。她记得那时自己还年轻，对这些古老的规矩抱有几分好奇，但也不免觉得其冗长无趣，尤其是当她面临极其烦琐的工序时，偶尔会产生厌倦之情。但师傅总是以严肃的态度提醒她："咱们同仁堂的药不是为了赚几文钱，'修合无人见，存心有天知'，每一道工序的背后都关系到患者的安危。"

张冬梅在一次次实践中慢慢理解了这句话的深意。她知道，虽然工作的过程可能没人看到，但是必须用心去做，人在做，天在看，不能因为没有人看到就偷懒，也不能因为没有人知道就做出违背良心的事情。制药不仅仅是一门技术活儿，更是对个人良知的考验。

同时，张冬梅深刻地体会到同仁堂另一句箴言——"炮制虽繁必不敢省人工，品味虽贵必不敢减物力"的含义。那是跟着王师傅学处理麝香的时候，她懂得了这句箴言的深刻含义。当时她还年轻，刚入行不久，对烦琐的药材处理过程感到枯燥乏味。然而，当师傅让她负责将麝香中的细小绒毛一根根摘除干净时，她才真正明白这句箴言背后的深意。

麝香来自雄麝的香囊，上面覆盖着细密的绒毛，像一层薄雾般让人难以察觉。用来入药的麝香都需要彻底去除绒毛。第一次接触这项工作时，张冬梅坐在桌前，拿起镊子尝试着像师傅那样仔细挑毛，然而不久她便觉得眼睛酸涩，脖子僵硬，手指也因为反复的动作而变得麻木。她的注意力逐渐涣散，甚至忍不住打起了瞌睡。

当张冬梅再次睁开眼睛时，看到了师傅专注的神情。师傅已经年过半百，他戴着老花镜，头微微前倾，花白的鬓角在灯光下显得格外分明。他的双手灵巧而沉稳，每一个细微的动作都仿佛经过无数次打磨。

张冬梅忍不住问道："师傅，这么细的毛，谁看得见？做成药，不小心残留一些应该也没关系吧？"

"你觉得这小毛不起眼，但这味药是救命药。患者有时昏迷不醒，需要将药用水化开喂服，哪怕一根小小的绒毛，也可能使患者呛咳，甚至窒息。我们药师的责任不是简单地炮制药材，而是守护每一个患者的生命。若制药中有一丝疏忽，那么救命的东西反倒成了害命的利器。这样，我们就辜负了患者的信任。"

师傅停下手中的镊子，抬起头来，目光深沉地看着她解释道。

张冬梅听到这些话，心中一震。她突然明白，每一道看似简单的工序，都与病人的生死安危息息相关。她重新拾起镊子，凝视着那层细密的绒毛，仿佛看到了生命的脆弱和沉重。她不再只是机械式地重复动作，而是怀着敬畏之心，细心挑出每一根绒毛。每当挑出一根，她都感觉如同消除一丝患者喉间的威胁，手中的动作变得更为轻柔和坚定。

这份坚持与耐心在张冬梅每一个日夜的磨炼中愈发沉淀下来。她明白，匠心的培养不仅在于技艺的娴熟，更在于对自我的严格要求。在药丸生产线上，每一道工序都是对她信念的雕琢，而她也逐渐成长为一名合格的药师。她的双手变得粗糙，却更加有力。那份在工序中浸透的匠心早已与她融为一体。

张冬梅的工作日益熟练，但她的内心依然时常回想起这几句箴言："我们做药的，手艺要好，心也要正。你们做事时可能没人看见，但老天看得见，患者也感受得到。制药的每一道工序，都是在救命。"

即便多年后，张冬梅参加央视《大国工匠》节目录制时，回想起师傅当初的教诲，仍不禁流下眼泪。面对主持人和台下专家的询问，她缓缓讲起腌麝香和挑毛的过程，言语中带着岁月沉淀后的平静。

她说："年轻时觉得这是最烦琐的活儿，直到退休前依然觉得烦琐。可再烦琐的活儿，也要沉下心来做，因为这是对生命的承诺。"

⊙ 2023年7月，张冬梅参加第二届大国工匠创新交流大会暨大国工匠论坛

扫码解锁

◎群英颂歌 ◎初心使命
◎工匠技艺 ◎奋斗底色

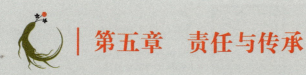

第五章　责任与传承

扫码解锁

◎群英颂歌 ◎初心使命
◎工匠技艺 ◎奋斗底色

操机千转守初心

1996 年，是张冬梅职业生涯中重要的一年。

这一年，公司对生产线进行了大刀阔斧的调整，原本独立的二车间与一车间合并为更大的生产单元，工人们也随之整合。这场调整，不仅改变了工厂的格局，也改变了张冬梅的角色。从熟练机器操作、掌握各项工序的技工，到肩负整个班组责任的机长，她的职场航路进入新的阶段。

走进新合并的车间，张冬梅心中有了更远大的抱负。在偌大的车间里，机器轰鸣不止，药材与药粉在运转中汇聚、碾压、成丸，整条流水线井然有序。她环视四周，熟悉的场景里加入了许多新面孔——那些曾在二车间工作的工人们，如今融入了这个新的团队。张冬梅的心中明白，身为机长，她不仅要确保机器运作流畅，更要带领这些工人接受新的秩序。

工厂如一艘在药香之海中前行的巨轮，而张冬梅正是这艘巨轮上掌舵的领航者。

为了确保生产的顺利进行，公司重新安排了工作时段，采用早班与中班轮换的制度，取消了以往的夜班制度。这样的调整，既保障了工人的安全，也平衡了工人休息与生产的需求。而张冬梅的工作重心，便是在这种新节奏中保持班组工作的高效与稳定。

张冬梅的日常生活变得更加紧凑。每一天，她都是车间里第一个到岗的人，检查机器、确认药材、分配任务，这些工作看似简单，却需时时保持专注。张冬梅知道，成为机长后，她不仅要掌握机器的运转常识，还要学会管理员工与流程，成为一个既能处理技术问题，又能协调整个生产环节的"多面手"。

有一次，正在运行的机器突然发出异常声响，张冬梅敏锐地捕捉到这丝微弱的异常，迅速上前，关闭机器，仔细听着机器内部传来的震动。周围的工人们也停下了手中的工作，焦急地等待着她的判断。

时间一分一秒地流逝，有人嘀咕："今天的订单急，再耽搁下去，怕是赶不上了。"

张冬梅并没急于回应，她仔细检查着机器的运转状况，然后沉着冷静地说："我们先修好机器，宁可慢一点儿，也不能出任何质量问题。"

工人们听后，纷纷点头。技师很快赶来协助修理机器。看着他们紧张有序地工作，张冬梅安心不少。作为机长，她必须时刻保持冷静，因为她做的每一个决定都会对整个团队产生影响。

这一段小插曲虽然耽误了些许时间，但生产任务最终还是顺利完成了。回想起当时的情景，张冬梅心中感慨万千。管理，不仅仅是对机器与流程的控制，更是对团队的协调与关怀。她不仅是一名技师，更是一位肩负重任的领航者。

自从成为机长以来，张冬梅的生活与工作发生了巨大变化。她的工作时间变得更长，私人时间不断被占用。对此，张冬梅感受到更大的压力，但同时有了更大的获得感。

张冬梅总是最后一个离开车间的工人，她要确保每一台机器都安全停机，确保每一颗药丸都符合标准。她知道，自己不再是那个专注于手中操作的学徒。如今，她需要负责整个班组的运转。

2000 年，同仁堂决定迁移到大兴，新的生产基地设备更为现代化，厂区也焕然一新。张冬梅站在崭新的车间，感受着全新的气象。这里的一切似乎都在预示着新的开始，而她，恰好是这场变革的见证者与推动者。

指尖逐梦技艺长

时光荏苒，转眼已是 2001 年。这一年对张冬梅来说，是一个重要的转折点。

就在这年，张冬梅被任命为制剂班的副班长。新的职责让她更加深刻地理解了管理的复杂性和责任的重量。她不再只是一个带领工人完成任务的班组机长，而是一名全面负责生产协调的核心人物。她发现，管理工作不仅需要技巧，更需要对每一个细节的关注和对团队的关怀。每一次生产安排、每一项操作指令，都关乎整个车间的运作。

2001 年，北京市工业系统第九届工人技术比赛如期举行，张冬梅也作为选手参加了比赛。由于参加比赛的只有同仁堂的药师们——全北京市范围内从事这种传统中药塑丸工艺的企业，只有同仁堂一家。因此，这既是对她个人技艺的一次重要检验，也是厂里对她的信任和期望的体现。张冬梅低头凝视着桌上那双与药材打了多年交道的手，手上的老茧记录着她无数次练习和实践的痕迹。尽管她在厂里早已被公认为"技术能手"，但面对这场比赛，她的心中依然忐忑不安。

作为"安牛班"的核心成员，张冬梅深知自己肩负重任。她暗自提醒自己，务必全力以赴，在比赛中脱颖而出。这场比赛不仅仅是为了获得高级工资格，更是她迈向技师考核，并实现职业突破的重要一步。

比赛当天，场地布置得格外隆重。赛场中央摆放着长长的工作台，每一位参赛选手的工具都整齐地摆放在桌面上，洁白的工作服在阳光下泛着微光。

张冬梅环视四周，看到其他参赛选手都是经验丰富的老手。她的心跳加速，紧紧抓着工作围裙的边角，手心微微出汗。

比赛分为三个部分——笔试、实操及抢答。第一部分是笔试环节，这部分主要考查选手的文化基础知识。张冬梅早早做好准备，这些年，她不仅在工作中不断提升技艺，还通过阅读专业书籍来加深自己对中药理论的理解。她坐在考试桌前，快速地书写着答案。她的思维清晰而敏捷，尤其是关于药材成分和作用的部分，她可以说是信手拈来。最终，张冬梅在这部分考试中以满分的成绩脱颖而出，暂列榜首。

第二部分是实操环节，比赛项目涉及传统的中药制剂技术，包括手工合坨、搓丸等技术活儿。张冬梅深吸一口气，将注意力集中在眼前的任务上。这一环节对她来说，简直就像回到同仁堂的车间，每一个步骤都烙印在她的记忆中。她手法熟练，动作轻巧而精准。手中的药丸在她的掌心轻轻滚动，逐渐成形。她的动作让评委们频频点头，几位老中医在场边窃窃私语，大大赞赏她的精湛技艺。

第三部分是抢答环节，这让张冬梅感到有些为难。她素来注重细节，理论知识也颇为扎实，但抢答对她来说是全新的挑战。她站在抢答台前，心里默默祈祷着能够顺利通过这一关。比赛开始，问题一个接一个地抛出，张冬梅几次尝试按下抢答器，却总是被对手抢先一步。她的手速稍显迟缓，加上对抢答器操作不熟悉，使得她几乎没有抢到答题机会。

"手慢了！"张冬梅心里有些懊恼，额头上渗出汗珠。她努力保持冷静，但心里难免有些失落。抢答环节结束后，张冬梅明白，在这一轮中自己并没有占据优势。

最终成绩公布时，张冬梅笔试和实操两项都排在第一名，然而，由于抢答环节失分，她的总成绩只排在第三名。

　　站在领奖台上，张冬梅手里捧着奖杯，望着台下的同事们。同事们的眼神中透露着钦佩之情，仿佛在告诉她："你已经做得很好，你是我们的榜样。"

　　张冬梅感到一阵暖意涌上心头。这次比赛让她更加坚定了信念，明白匠心不仅在于手上的技艺，更在于心中的坚持和不断追求完美的工匠精神。

　　张冬梅回到车间，熟悉的药草香气再次扑鼻而来。她看着那一排排药柜，阳光透过窗户洒在斑驳的柜面上，仿佛时光从未改变，而她却已在这条成长之路上走过十余年。眼前的药材依然是那些质朴无言的草木，千百年来被人们采集、炮制、凝练，最终化作救死扶伤的药丸。张冬梅深知，这些草木虽不起眼，却蕴藏着生

⊙ 2001年，张冬梅荣获北京市工业系统工人技术能手称号

命的希望。

比赛的余韵仍在张冬梅心中回荡，仿佛一段未曾完结的故事。尽管在比赛中没有拿到第一名，但她知道，这次经历带给她的成长和感悟远比名次珍贵得多。那种沉淀在手上的技艺、在心中生长的责任感，早已像无形的线条，悄然织入她的生命。在这条承载着责任与使命的成长之路上，需要的是无声无息的坚守，更是无怨无悔的付出。

在后来的日子里，张冬梅将这次比赛的经历化为动力，深耕笃行。短短几年，她凭借着卓越的表现，于 2004 年再次被晋升为制剂班的正班长。这不仅是公司对她能力的认可，也是对她多年来坚持不懈、兢兢业业的回报。她深知，这份新的荣誉带来了更多的责任，而她也早已做好迎接更大挑战的准备。

匠艺承传万千心

2005 年，同仁堂股份集团亦庄分厂正式成立，生产布局进一步优化。

公司领导看到张冬梅在工作中展现的态度和技术能力，决定任命她为"安牛班"班长。张冬梅清楚地知道，成为"安牛班"班长意味着要承担更多责任，承受成倍增加的压力。她心中一再提醒自己，安宫牛黄丸是救命药，制作时不能有丝毫马虎。

被任命的那天，阳光轻轻地透过窗户洒在张冬梅的办公桌上。她轻轻抚摸着摆放在桌角的一颗安宫牛黄丸模型，一种复杂的情绪油然而生。

"救命药，关乎生命的重量。"她喃喃自语，手指轻轻摩挲着这个模型的表面，感受那份沉淀在手心的责任。她下定决心，要将同仁堂老一辈所传承下来的"初心"在自己手中延续下去。

为了胜任"安牛班"班长这一重要岗位，尽管工作繁忙，张冬梅依然没有停止学习的步伐。她深感专业知识的重要性，决定继续深造。2006 年，她报名学习中央党校的经济管理大专课程，通过三年学习，她不仅深化了对经济管理理论的理解，也积累了丰富的实践经验。这段经历不仅为她的管理工作提供了理论支撑，也让她在面对复杂问题时能够更加从容不迫。

与此同时，她深知要真正胜任班长一职，仅具备理论知识还远远不够。为掌握班组的每一项工艺流程，她常常加班到深夜。特别是研配环节，对她来说是一个全新的领域。

张冬梅对自己刚从事配方研制工作的那段时光，记忆犹新。那时，她的团队成员除了自己，就是一群精力充沛的小伙子，他们尽职尽责地完成每一个任务。在他们之中，张冬梅是唯一的女性，但她从未因为性别差异而觉得自己需要特殊照顾。她骨子里的那股坚韧，来自母亲的影响——任何事都要抢在前头，主动承担，才能赢得他人的信任。

自幼，母亲便教导张冬梅："做事要有责任感，不能偷懒，不能怕苦。"母亲在生活中的坚毅和顽强深深地影响了她。无论是幼年时的寄人篱下，还是成年后带病照顾家庭，张冬梅都能感受到母亲那种不屈不挠的精神。

这种精神，成了她成长的指引，也逐渐融入她的骨血中。

如今，站在"安牛班"班长的岗位上，张冬梅依然秉持着那种不怕苦、不怕累、抢在前头的精神，把母亲的教诲践行于每一天的工作中。

当时，张冬梅所在的团队主要负责处理药面子——一种非常重要的药物原料。每袋药面子重达五千克，而他们每天要处理的数量是上千千克。这项工作强度极高，体力消耗巨大，但没有一个人抱怨。小伙子们个个干劲十足，肩扛着几十千克的药袋，步伐沉稳而有力。而张冬梅也不曾落后，别人搬多少袋，她就搬多少袋。每次弯腰扛起一袋药面子时，她肩头那股压迫感似乎让她更加坚定——这是作为班长的职责所在，她要用实际行动证明自己值得信赖。

在张冬梅的带领下，药材处理工作井然有序。每天，张冬梅和她的同事们把药面子从仓库搬运到车间，并将细料与粗粉混合在罐子中，然后将混合物倒入二十千克重的桶中。这时，张冬梅又得拎着沉重的桶走向称重台，确保每一桶的重量都准确无误。整个过程繁复、单调，但因为有她的带领，显得有条不紊。组员们从未见过像张冬梅这样干劲十足的班长。她总是第一个到达工作现场，却总是最后一个才离开，无论多么疲惫，都从不退缩。

正是这种亲力亲为、走在前面的精神，逐渐让团队成员对张冬梅刮目相看。小伙子们开始意识到，这位外表柔弱的班长，内心有着超乎常人的韧劲。她从来不把困难放在眼里，总是带头冲在最前面。日复一日，张冬梅与他们一同搬运、一同调配，一同细致地处理每一袋药面子。她用实际行动证明了什么是真正的责任与担当。

一次，车间里一台重要的设备突发故障，药材混合进度被迫中断。工人们不知道该如何是好。这时，张冬梅迅速走过去，仔细检查了设备的问题，果断地指挥道："先暂停工作，我去找技术员修理。大家趁这个时间检查其他工序，确保一切无误。"

张冬梅冷静地指挥，让组员们迅速恢复了秩序，而她本人则亲自跟进修理进度，直至问题彻底解决。虽然已经是凌晨，但张冬梅依然坚守在岗位上，盯着设备重新运作，确保一切恢复正常。这种事，似乎成了她的工作常态。

时间久了，组员们对张冬梅的钦佩之情愈发深厚。他们逐渐形成默契，有时无须多言，彼此一个眼神便能领会对方的意图。张冬梅作为班长，从没有居高临下的派头，也愿意倾听工人们的建议，尊重每一个人的劳动和智慧。

"管理不是命令别人，而是用自己的行动带动大家。只有你自己做到了，别人才能跟上你的步伐。"

这样的管理方式，让班组的凝聚力越来越强。大家心甘情愿地追随张冬梅的脚步，无论任务多么艰巨，总能在她的带领下有序完成。组员们对她心生敬意也不仅仅是因为她的技术精湛，更因为她身上那种与生俱来的责任感和为人处世的坦诚。

2006 年元旦前夕，张冬梅接到公司下达的紧急任务，需要到兄弟单位进行生产。这是一项突如其来的任务，当时许多组员正在休假，张冬梅知道这对他们来说意味着假期的中断。她轻声叹了口气，决定亲自去通知大家。那天，她一一拨通组员的电话，耐心地解释了任务的紧急性。

到了北分厂，张冬梅与组员们并肩作战，处理细料、调配药材，确保每一个步骤都严格按照"GMP 管理规范"[1]和"SOP"[2]的操作要求，生产出百分百合格的高品质产品。

组员们不仅听从张冬梅的指挥，还纷纷为她出谋划策。

"冬梅姐，我觉得这部分流程可以再优化一点儿，这样更能节省时间。"其中一位组员指着一台设备建议道。

张冬梅认真地听完，点了点头说："好主意，我们试试看。"

为确保班组生产的产品质量始终如一，张冬梅提出"三级检查"的质量把关法——班级抽查、组内巡查、个人自查。每一位成员

---

[1] GMP管理规范即《药品生产质量管理规范》（Good Manufacturing Practice of Medical Products，GMP）是药品生产和质量管理的基本准则，适用于药品制剂生产的全过程和原料药生产中影响成品质量的关键工序。

[2] SOP 即标准作业程序，是"Standard""Operating""Procedure"三个单词中首字母的大写，指将某一事件的标准操作步骤和要求以统一的格式描述出来，用于指导和规范日常工作。

在生产过程中既是操作员，也是质检员。这个制度不仅增强了班组的质量意识，更让班组成员感受到自己在整个生产流程中的重要性。张冬梅时常提醒大家："产品质量是生产出来的，不是检验出来的。我们每一个环节都不能有丝毫松懈。只有这样，我们才能确保生产出来的安宫牛黄丸始终保持最高品质。"

随着社会的发展，安宫牛黄丸的市场需求日益增长。为满足市场的需求，确保生产质量和各项指标能够达到预期的标准，进一步提高班组的综合素质，张冬梅推行了"轮岗制"，让每一位员工不仅能掌握自己岗位所必需的技能，还能够熟悉其他岗位的工作。她定期组织技能交流会，鼓励员工们相互学习、取长补短。张冬梅坚信，只有每个人都成为全能操作手，整个班组的效率和灵活性才能得到最大化的提升。

在这样的带领下，班组成员逐渐考取中药固体制剂的中高级工、技师和高级技师的职业资格证书。每一张证书不仅是对班组个人努力的肯定，也是对张冬梅作为班长的卓越管理才能的最好证明。

除工作外，张冬梅还时刻关心班组成员的生活。她总是将"80后""90后"的员工当作自己的孩子，关注他们的困扰和需求。每当发现员工有情绪波动时，她总会主动找他们谈心，用自己的人生经验开导他们。

"张姐，您真是咱们的'班长妈妈'！"一次，班组里的年轻工人打趣道。

张冬梅笑着拍了拍对方的肩膀说："你们都是我的家人嘛，工作再忙，也不能忽略生活的困扰。你们有什么事，尽管找我。"她的关怀无微不至，正因为如此，班组成员不仅在工作中充满干劲，也在她的关怀中感受到浓浓的温暖。

在日常工作中，张冬梅不仅十分关注员工的心理状态，还十分善于观察每个员工的特点和优势，以便更好地发挥他们的潜能。她深知，人的长处与兴趣是工作的最大推动力。她常常根据员工的特长和兴趣，将他们安排在最适合的岗位上，让每个人都能在自己的领域充分发挥才能，施展抱负。

张冬梅的做法赢得了大家的尊敬和信任。她还常常组织工作坊或小组讨论，请经验丰富的老师傅给予员工悉心指导，让员工能够在交流中不断学习和进步。这种注重传帮带的工作氛围，极大地激发了班组成员的工作热情和积极性。

在这个传统与现代交融的工厂里，张冬梅不仅带领着工人们不断进步和创新，更守护着同仁堂安宫牛黄丸的传统工艺。她深知，这门技艺背后承载着几代匠人的心血，而她的责任，就是将这份匠心传承下去，让每颗药丸都浸透工匠的执着与真诚。

时间在忙碌中悄然流逝，张冬梅站在操作台前，目光落在那一颗颗经过千锤百炼才得以成型的药丸上，心中感慨万千。这不仅是几代匠人技艺的传承，更是她对这片热土的深情，以及对每一个员工的关爱和期待。每颗药丸，仿佛都是她和团队辛勤耕耘的见证，承载着生命的重量，也带着沉甸甸的责任与使命。那些被药物治愈的生命、被延续的希望，都是她和她的团队日夜付出的成果，虽然无声，却深深烙印在每个人心中，成为其不断前行的动力。

薪火相传守技艺

2015年，张冬梅正式办理了退休手续。退休那一天，她缓缓走出同仁堂的老厂房，熟悉的药草香气在空气中弥漫，春日的阳光透过老树洒在她的肩头。然而，她的步伐并没有一丝停顿，她的心中仍然燃烧着对安宫牛黄丸制作技艺的执着与热爱。对她来说，退休仅仅是生活中的一个节点，她并没有准备真正告别这一片倾注了她全部心血的领域。她深知，这门技艺如同一座古老的桥梁，连接着过去和未来，而她，还有一项更重要的任务未完成。

2015年11月中旬，在集团公司领导和首席技师管理办公室负责人的大力支持下，张冬梅安宫牛黄丸传统制作技艺"首席技师工作室"正式成立。那天，张冬梅站在工作室门前，内心满怀感慨。这不仅是对她几十年来传承技艺的认可，更赋予了她保护与传承这门技艺的责任。

作为同仁堂安宫牛黄丸制作技艺传承人，张冬梅明白，这种珍贵的手工技艺，绝不仅仅是一项简单的工作。它是一种传承千

⊙ 2015年，张冬梅（三排左六）在首席技师工作室、劳模创新工作室成立大会上

年的文化，也承载着无数医者救死扶伤的信念。

张冬梅回想起自己从学徒成长为首席技师的路途。那些年的磨炼与坚持，正是她如今能在这条技艺传承路上继续前行的基础。

工作室成立后，张冬梅围绕安宫牛黄丸的传统制作技艺，确定了工作室发展的方向、任务和目标。她知道，要想让这门技艺真正地延续下去，必须从培养新一代制药匠人开始。因此，带徒弟成为她工作中的一项重要任务。

通过"师带徒、传帮带"的形式，张冬梅希望徒弟们能在实践中不断提升技艺水平。

在张冬梅看来，只有亲自操作，真正参与每一个制作环节，徒弟们才能理解安宫牛黄丸传统制作工艺每个步骤背后的讲究与深意。张冬梅为工作室挑选了六名徒弟。他们每个人的眼中都闪烁着对学习技艺的热情，让张冬梅仿佛看到了当年的自己。

"你们要记住，制作安宫牛黄丸，不只是手上的工作，更是一份对生命的承诺。"在带徒弟的过程中，张冬梅总是语重心长地对他们说。

刚开始，徒弟们对烦琐的程序感到疑惑，尤其是进入制药车间时，他们每次都必须进行两次更衣和换鞋，然后彻底洗手消毒，以确保无菌。在生产过程中，每隔两个小时，他们就要出车间一次，用酒精擦拭双手，再次杀菌消毒。

"师傅，这些步骤太麻烦了，您不觉得吗？"有一次，一个徒弟忍不住抱怨道。

⊙ 张冬梅（右）在传授打戳技艺

⊙ 张冬梅（右）在传授蘸蜡技艺

张冬梅没有责怪她，而是微微一笑，语气平和但坚定地说："当把这些'麻烦'当作责任时，你们才能真正明白这份工作的重要性。药品是给患者用的，一点点的失误，都可能会带来无法挽回的后果。你们什么时候能够做到自觉地去完成这些任务，那么我才算是真正完成我作为师傅的职责。"

张冬梅说出这些话时，尽管语气平和，但每一个字都深深地敲打在徒弟们的心里。张冬梅相信，通过这样的全程"跟踪"和严格的指导，徒弟们会逐渐在实践中领悟到什么是匠心，什么是对技艺的尊重。在工作室里，张冬梅不仅仅教授技艺，还注重将同仁堂的核心精神传递给徒弟们。无论是打戳、制丸还是蘸蜡，她都会带领徒弟们从最基础的工作开始，亲身参与每个环节，并要求他们做到精益求精。她始终强调同仁堂的两个"必不敢"古训——"炮制虽繁必不敢省人工，品味虽贵必不敢减物力"。这两句古训不仅是同仁堂几百年中药文化的精髓，更是每位制药师应该遵守的底线和原则。

张娜是张冬梅的一名徒弟，初入班组时，她面临的第一个挑战便是打条工序。起初，她和其他新手一样，把打条看成一项简单的任务，甚至联想到做饺子的过程，认为没有太高的技术含量。然而，张冬梅敏锐地察觉到徒弟们的小小误解，她微笑着解释道："是不是觉得这像做饺子一样简单？在传统中药制作中，'药食同源'的理念固然相似，但每一道工序都讲究深厚的技艺。"

她强调，药条的粗细必须一致，这种细致入微的标准正是同仁堂历经三百年风雨而不倒的基石。张娜这才意识到自己所学的绝不仅是手上功夫，而是一门对质量和传承有着严苛要求的技艺。

张冬梅以她的实际操作和精湛技艺感染着徒弟们。她能用搓板制作出零误差的安宫牛黄丸，颗颗重量精准为三克，不多不少。2016年5月，她曾参加中央电视台《我有传家宝》节目录制，现场展示其制药功底。主持人和专家们随机抽检其制作的每一颗药丸，均完美达标，没有丝毫误差。张娜作为徒弟代表在场，亲眼见证了师傅的高超技艺和严谨态度。她感叹道："师傅对待每一颗药丸都像对待生命一样，容不得一丝偏差，她的每一个标准和细节都是我们必须学习和敬仰的。"

张冬梅时常提醒徒弟们："在药品制作中，没有任何一个环节可以掉以轻心，否则可能会影响患者的健康。"在张冬梅的教导下，徒弟们不仅掌握了技艺，更学会了如何将匠心与责任融入每一个细节中。

经过三年的不懈努力，工作室于2018年11月圆满完成师承工作，张冬梅的六名徒弟都以优异成绩通过考核，逐步成长为车间的骨干力量。

⊙ 2018年，张冬梅（左四）参加工作室出师考核报告会

守正出新，智勇开拓

夜色渐深，车间的灯光依旧微亮，映照着张冬梅的身影。她凝视着窗外，思绪回到不久前的报告会上，徒弟们一个个精神抖擞，眼神中流露出坚定的自信。这些年轻人在三年的磨砺中，已逐渐从青涩走向成熟，成为生产的中坚力量。他们那一双双专注的眼睛，就像夜空中闪烁的微光，照亮了张冬梅心中柔软的某处。

依托于首席技师工作室和劳模创新工作室的平台，张冬梅带着徒弟们传承了这门技艺，也在不断探索与突破。她深知，传承不仅是技艺的接力，更蕴含着创新的智慧。她希望徒弟们不仅能成长为出色的安宫牛黄丸制作技师，也能带着对未来的憧憬，走出自己的职业道路。

传承之路充满坎坷，技艺的延续如涓涓细流，润物无声。

三年来，张冬梅和同事们尝试了一种创新的教学模式，将理论教学与实际操作无缝结合，力图让徒弟们从被动"听课"中走出来，进入"亲身体验"的学习状态中。在每一堂课上，她都耐心讲解制药的理论知识，随后便会亲自示范，并手把手地指导徒弟们进行操作。她知道，纸上谈兵永远无法让徒弟们真正掌握这

⊙ 张冬梅（右一）在工作室上课

门技艺，唯有亲身实践，才能在手感与心意之间找到平衡，将技巧融入操作的每个步骤中。

张冬梅时常穿梭于工坊和教室之间。每当看到徒弟们在操作中遇到难题，她总会耐心示范："看着我做。一定要注意药材的捏合和力度的掌控。"

徒弟们最初的动作都显得生硬，特别是在一些精细步骤上，时常会出现失误。张冬梅不急不躁，缓缓地说道："技艺的奥妙在于耐心。一名合格的制药匠人，不仅要有足够的技法，更要有沉得住气的内心。"

张冬梅带着徒弟们一遍遍地重复操作，直至徒弟们每一个动作都严谨、规范为止。渐渐地，徒弟们开始摸索出属于自己的节奏，动作也越来越流畅。在张冬梅的带领下，徒弟们渐渐明白，这门技艺的精髓并非只有技法，还有耐心与责任感的注入。

三年来，张冬梅和她的团队还带领徒弟们围绕安宫牛黄丸生产制作中的难题，进行了一系列课题研究。张冬梅清楚，这些研究不仅是解决技术问题的过程，更是徒弟们成长与创新的过程。

"做药就像做人，既要传承，也要革新。虽然传统方法效果不错，但我们可以试试更加精细的处理方式。通过一系列尝试，我们最终采用手工包裹黄金这一技术解决了安宫牛黄丸的生产难题。"

为了攻克这一难题，张冬梅与徒弟们一连几天都待在实验室里，反复试验不同的包裹方法。夜深人静时，徒弟们在微弱的灯光下切割、包裹，仔细观察每个工序细节。张冬梅亲自上阵，轻轻地将金箔包在药丸上，动作干净利落，一丝不苟。

"我们是药丸的守护者，要让每一个细节都经得起考验。"张冬梅叮嘱徒弟们。

通过不断尝试和改进，张冬梅带领徒弟们成功地实现了手工包裹99金的目标，为产品制作提供了可靠的技术支持。

除了包裹工艺，张冬梅还带领徒弟们对安宫牛黄丸原蜜品种的选择展开了研究。

"大家知道不同的原蜜品种对药效的影响吗？"张冬梅提问道。她的眼中闪烁着一些期许。

徒弟们对视着，并没有给出答案。

张冬梅继续说道："不同原蜜品种会影响安宫牛黄丸的口感与稳定性，这不仅是技术问题，更关乎患者的服用体验。"

为了找到最合适的原蜜品种，张冬梅带领徒弟们对比分析不同原蜜品种的特性，从甜度、质地到稳定性逐一进行研究。经过数个月的试验，他们成功地改善了药丸的口感，使之更加适合患者服用。徒弟们欣喜若狂，张冬梅微微一笑，拍拍他们的肩膀说："现在的成就，是你们不断努力的回报。"

作为导师，张冬梅深知，真正的匠心精神不只是技能的掌握，更是责任感的养成。她注重培养徒弟们独立思考和解决问题的能力，不断鼓励徒弟们在团队合作中发展创新思维。她相信，只有在解决实际问题的过程中，徒弟们才能真正成长起来。她清楚，这种成长不是短暂的，更不是依靠简单的理论知识所能达到的，而是在无数次操作、无数次失败中锤炼而成的。

"师傅，为什么您每次检查都会特别留意避光？"在一次讨论中，徒弟带着疑惑问道。

张冬梅微微一笑，解释道："安宫牛黄丸的主要成分之一是牛黄，其中的胆红素对光极敏感。稍不留神，药效就会大打折扣。"

张冬梅接着示范如何操作，并补充道："避光不是一个小问题，这是对患者负责。"

徒弟们默默点头，眼神中流露出钦佩之情。张冬梅知道，能注意到这样的细节，才是制药人真正的责任与良心。

每当站在车间内，看着徒弟们熟练地操作，张冬梅便会想起自己当年还是一名新手时遇到的坎坷和不顺。她知道，作为一名工匠，技艺的精进永无止境。

张冬梅曾对徒弟们说："工匠精神，不是重复一种技艺，而是不断打破现有的界限。"她希望徒弟们在传承技艺的同时，能够学会以开放的心态面对未来，不被经验束缚，敢于运用新方法，敢于在困境中寻找突破。

徒弟们静静地听着，似乎有些明白了张冬梅所强调的传承与创新的真正含义。在她看来，制药绝非纯粹的技术，制药的每一道工序、每一个细节都需要精雕细琢。这种精神，已在徒弟们心中渐渐生根发芽，成为他们未来追求卓越的动力。

在这三年的磨砺下，张冬梅工作室的六名徒弟已然蜕变。他们不再是刚入行时青涩的小辈，而是安宫牛黄丸生产线上的骨干力量。他们不仅掌握了制作技艺，更培养起对这份工作的热忱。其中三人更是晋升为班长，成为班组带头人。

"师傅，谢谢您。"徒弟们到了节假日，总会凑在她身边，满怀感激地对她说。

每每听到这些，张冬梅只是淡淡一笑，摆摆手说："只要你们做得比我好，就是对我最大的感谢。"她的声音虽柔和，但透露着对徒弟们的肯定与期许。

看着徒弟们的成长，张冬梅感慨道："传承，是一代一代接力，依靠的是心中的责任。"张冬梅传承的不只是技艺，更是对工匠精神的延续。她带领徒弟们走上一条传承与创新的融合之路，为安宫牛黄丸制作技艺的延续注入了新的生命。未来，徒弟们将带着张冬梅的期许，传承她的技艺与精神，继续走在守正出新、追求卓越的路上。

⊙ 张冬梅（左四）与工作室成员合影

第六章　一生的追求

扫码解锁

◉群英颂歌 ◉初心使命
◉工匠技艺 ◉奋斗底色

荣耀时刻

2015 年春季的一天，风中带着微微暖意，北京的天色透出一丝独特的明朗。张冬梅站在人民大会堂前，迎着晨光，嘴角微微上扬，内心激动不已。她穿着一袭笔挺的制服，安静地站在"全国劳动模范"的队伍中。这一天，她不仅是安宫牛黄丸制作技艺的守护者，更是被赋予至高荣耀的"全国劳动模范"，此时的她心底尽是骄傲和自豪。

在人民大会堂前，工人、农民、教师、医生……来自全国各地的劳动模范，整齐排列，脸上洋溢着自豪的神情。张冬梅的目光在劳动模范的脸上和身上游走，她心中不由得一阵恍惚。她看到的这些来自不同岗位的劳动者，正如一株株扎根在祖国大地的树木，凭着一份对事业的执着和坚守，将这片土地变得更加生机勃勃。

张冬梅第一次意识到自己的这份工作，在更广阔的背景下发挥着不同寻常的作用。这群人像是民族脊梁一般，用自己的双手默默付出，以实际行动展现了工匠精神。张冬梅不禁心生感动：这些默默无闻的英雄，用双手塑造了属于自己的天地。她垂下眼睑，看了看自己手上被药材磨出的老茧。那是她几十年如一日坚守岗位的印记，更是她对工匠精神最深沉的诠释。

回想起这一切，张冬梅的心绪回到过去的无数个日夜。

2010年秋天，张冬梅被评为"北京市劳动模范"，但在那之前，她甚至没有获得过任何先进工作者的荣誉。尽管有多次机会被提名，但她总是悄悄地将这些机会让给其他同事。她总认为，自己能够在工作中找到快乐才是最重要的，是否有荣誉并不重要。她一直是一个不争不抢、一心一意专注于工作的人。能够在岗位上取得成绩，就是她最大的快乐。

此时，站在人民大会堂中，张冬梅意识到自己和身边这些默默奉献的劳动模范有着共同的追求。大家虽然来自不同岗位，却无一例外地在岗位上耕耘着、守护着那份初心。

在庄严肃穆的氛围中，表彰大会开始了。张冬梅站在人民大会堂内，静静注视着讲台上那象征着荣誉的领奖台。整个大厅坐满了来自全国各地的劳动模范，足足有两千多人。此刻，她仿佛置身于历史长河中，默默感受着劳动模范的无数辛勤岁月在此交汇的壮丽场景。

正当张冬梅内心久久不能平静之时，主持人宣布颁奖仪式开始，现场气氛瞬间达到高点。主席台上的国徽在灯光照耀下显得格外庄严，光辉洒向每一位在场的劳动模范。张冬梅站在队伍中，看着其他劳动模范缓缓走上台接受国家领导人的表彰，心头也有一丝紧张。

⊙ 2015年4月，张冬梅在人民大会堂全国劳动模范表彰大会上

"这一刻，国家和人民都在看着我们。"张冬梅默默地对自己说，内心的激动与骄傲之情如波涛般在胸腔里翻涌。

当她的名字被宣布时，张冬梅不由得心头一震，随即稳稳地迈步走向领奖台。她走的每一步，仿佛都踏在历经的岁月上，映照出她对技艺的追求，对岗位工作的无怨无悔。她的心跳微微加速，但眼神却愈发坚定。此时此刻，她的身影与千万名劳动者的梦想和汗水交织在一起，汇聚成一道属于中国劳动人民的风景。

张冬梅接过荣誉证书，微微颔首致意，内心涌动着无以言表的激动。她看着证书上的名字，仿佛感受到自己肩上的重量，感受到这份荣誉背后党和国家对她的期望。她知道，这不仅是对她个人的肯定，也是对所有劳动者默默付出的认可和鼓励。

颁奖仪式过后，张冬梅与来自各行各业的劳动模范自由交流，每个人都带着真诚的笑容，话语中流露出对工作的热情与执着。张冬梅被深深地触动了，这些人或许从事着完全不同的职业，有的是守护绿水青山的环卫工人，有的是精通机械制造的车间技师，有的是默默奉献的基层教师……他们都用双手塑造着祖国的美好未来。

张冬梅低声说道："我们是国家的基石，用自己的劳动撑起这片家园。"

⊙ 2023年，张冬梅（左）参加北京市总工会庆"三八"首都女劳模风采展示活动

光辉沉淀岁月

在接下来的日子里，张冬梅作为全国劳动模范，多次受邀参加国家举办的重大活动。每一次走进这样的场合，张冬梅的心中都充满着自豪感与责任感。这些活动不仅让她感受到国家的强盛，还让她深深体会到作为一名劳动模范的特殊价值和象征意义。

2015 年一个初秋的早晨，张冬梅受邀参加世界反法西斯战争胜利 70 周年纪念活动。那一天，阳光透过薄云，洒在庄严的纪念堂前，张冬梅站在人群中，身边是来自全国各地的劳动模范和先进代表。他们无不身姿挺拔，神情严肃。

张冬梅环顾四周，感受到一种无形的力量，仿佛历史的钟声萦绕在耳边。她不禁回想起自己的过往，为了医药事业而付出的每一个日夜。她深知，正是无数像她这样的劳动者，默默地坚守在岗位上，无私奉献，才共同铸就了祖国今天的和平与繁荣。

时光匆匆流转，2019 年国庆节，张冬梅再一次以全国劳动模范的身份受邀参加中华人民共和国成立 70 周年庆祝活动。站在人民大会堂前，她再次感到难以言喻的激动和荣幸。她的身边是各行各业的劳动模范和代表，他们脸上都洋溢着自豪与骄傲之情，

⊙ 2019年，张冬梅参加中华人民共和国成立70周年庆祝活动

◉ 2023年9月，张冬梅参加庆祝中华人民共和国成立74周年招待会

胸前的徽章在灯光的照耀下熠熠生辉。

张冬梅和一位年轻劳模站在大厅一侧，望着庄严、肃穆的布置场景，那位年轻劳模不禁低声说道："冬梅姐，能在这一天来到这里，我真是觉得一切付出都值得了！"

张冬梅笑了笑，眼神中带着几分欣慰："是啊，我们的国家从弱到强，凝聚了几代人的心血和奋斗。我们虽然只是微小的一部分，但能为这份事业添砖加瓦，心里也感到踏实。"

在活动中，张冬梅听着身边的劳模分享着各自的故事，那些来自基层的工人、教师和医生，每个人都在自己的岗位上默默奉献。张冬梅深深地感受到，这些人正是民族的脊梁，用他们的坚守和执着共同书写了中华崛起的篇章。

这份感动随着时间的流逝愈加深厚，直至 2023 年 9 月的一天，张冬梅受邀参加了一场庆祝中华人民共和国成立 74 周年招待会。在这场招待会上，她有机会和来自各个领域的劳动模范、先进代表交流，分享工作中的心得与体会。四周环绕着温馨的灯光，张冬梅与代表们一起为祖国的繁荣昌盛而举杯庆祝。

招待会上，张冬梅环顾四周，看到的不仅是国家在科技、经济方面的快速发展，还看到了国家对劳动者的尊重和关怀。这些年，她不仅见证了国家在国际舞台上日益稳固的地位，见证了人民生活水平不断提高所带来的变化，也看到了劳动者的地位在不断提高。

张冬梅在心中感慨道："我生在这样一个国家、这样一个时代，何其幸运！"

招待会接近尾声，张冬梅与几位年长的劳动模范聊起了他们的故事。每个人的面庞上都刻画着岁月的痕迹，眼神中却依旧闪烁着热爱工作的光芒。她的心中满是感动，低声说道："我们这些人，不都是在自己岗位上，用自己的方式，为国家贡献着吗？"

张冬梅的话音刚落，几位年长的劳动模范相视一笑，仿佛彼此间无须多言，已然理解彼此心中的那份骄傲和共鸣。他们都是如此普通的人，却用日复一日的坚守书写着不平凡的篇章。在这场招待会中，张冬梅仿佛又回到车间，回到她手握药材、专注于每一步操作的无数个日夜里……

招待会结束时，张冬梅站在人民大会堂的台阶上，感受晚风带来的丝丝凉意。看见夜空中的星光熠熠生辉，她轻轻闭上眼，脑海里浮现出多年来在岗位上默默耕耘的点滴瞬间，心中无比平静。张冬梅知道，这份荣耀并不属于她个人，而是无数劳动者无私奉献的结晶，是千千万万双手共同托起的光辉。

在回去的路上，张冬梅望着窗外闪烁的灯火，心生感慨。虽然她已经退休，但她明白，党和国家从未忘记他们这些为国家和人民奉献一生的劳动者。这些年，她无数次感受到党和国家的关怀，感受到党和国家在每一个细节上对退休工人的关心。想到这里，她的心头犹如冬日里的暖阳，温暖而踏实。

回到家中，张冬梅把从宴会上得到的纪念品轻轻地放在桌上，深情地凝视着。她知道，这不仅是国家对她的认可，更是对所有劳动者的致敬。她坐在窗前，静静地注视着夜空，眼前浮现出无数张熟悉的面孔——那些曾与她并肩作战的同事、徒弟，他们都是国家蓬勃发展的见证者与创造者。

干一行爱一行

余晖透过窗户洒在桌上，张冬梅坐在窗前，望着渐渐暗下去的天色，思绪回到自己在同仁堂工作的那些年。几十年如一日地专注于安宫牛黄丸的生产，早已让她和这份职业难舍难分。这份职业仿佛一位陪伴了她半生的老朋友。如今，虽已退休，但她的心仍旧停留在那个熟悉的车间里，留在那一颗颗小小的药丸之中。

"其实说起来，我这个人挺简单的，一辈子就干了这一件事儿。"张冬梅笑着自言自语。

她回忆起刚接替母亲工作时，并不知道自己将会在这个领域深耕数十年。年轻时，她并不是一开始就喜欢这份工作，但在长期的工作中，她渐渐明白，"干一行爱一行"是她能在这个岗位上找到乐趣的秘诀。张冬梅轻轻地抚摸着手上的老茧，眼神中透出一丝坚定。她说道："只要用心去做，总能找到属于自己的快乐"。

张冬梅知道，既然选择了远方，便不顾风雨兼程。然而，几十年如一日的坚持并非一帆风顺。在同仁堂工作的岁月里，她时常会遇到误解、冷眼，甚至遭受流言蜚语。然而，在工作中逐渐磨炼出来的韧性，让她得以笑对一切。

"把劳动当作锻炼，你永远是快乐的。""别拿别人的错误惩罚自己。"

张冬梅的爱人总在她感到脆弱的时候用上面的话鼓励与安慰她。这些话像一盏明灯，照亮她前行的路。

张冬梅与爱人也相识在同仁堂，那个时候她的爱人负责电梯运作，偶尔也会到班组帮忙。他们每日见面，寒暄间渐生情愫。在张冬梅遇到困难而焦虑不安时，他总能用几句简单的话语将她心头的愁云一扫而空。他话虽不多，但总是简明有力，令她感到安心。

张冬梅回想起第一次见他时的情景。那时她刚调到同仁堂总部，初来乍到，对一切都充满好奇，甚至有些无措。她每次上下班都要乘坐电梯，而负责电梯运作的是一位身材魁梧、笑容亲切的年轻人——他。随着相遇次数的增多，他们逐渐熟络起来。

每当张冬梅低头专注地整理手里的笔记时，他都会礼貌地问一句："忙呢？"他那关切的语气让张冬梅在新的工作环境中感到一丝温暖。

几个月后的一天，张冬梅照例早早赶来上班，走进电梯的时候看见他在调整机器，手上满是油污，神情却异常专注。张冬梅不禁对他刮目相看，内心对他多了几分敬意。下班后，他特意在楼下等待，想请张冬梅去吃饭。两人边走边聊，话题从工作谈到生活。

张冬梅能感觉到，他是一个诚实而温厚的人，与她在同仁堂工作的经历相通，这让他们的思想和情感默默贴近。渐渐地，他们建立起彼此依靠的关系，于 1987 年选择成为一家人。

在之后的日子里，每当张冬梅遇到难题或心中郁结时，他总是用朴实的话语开导她。尤其是当她的班组任务繁重时，他总会安慰道："把劳动当成锻炼，快乐的心态很重要。"

这些话，张冬梅听着既熟悉又亲切，仿佛给了她继续前行的力量。

从机长、班长到传承人，随着工作任务的增多，张冬梅的压力也越来越大。尤其是在父亲生病时，她的内心备受煎熬。她是家里的独生女，没有兄弟姐妹可以分担照顾父亲的责任，而她又不能轻易请假。那段时间，她常常在夜里独自落泪，感到身心俱疲。

为了给张冬梅分担，她的爱人主动承担起照顾岳父的重任，不辞辛劳地陪伴着岳父去医院做化疗并检查身体。每当张冬梅下班回到家，疲惫地靠在沙发上时，他总会递上一杯温水，安慰她："别担心，我会处理好的。你照顾好自己就行。"

爱人的理解和支持让张冬梅倍感温暖，也让她明白了什么是真正的爱与责任。

爱人的支持不仅体现在对她工作的理解上，还体现在对家庭的默默付出上。

他是倒班电工，白天在家，夜里上班。他利用倒班的空闲时间，处理家中事务。孩子上幼儿园时，他为了解决早晚看护孩子的问题，时常调整自己的作息。每当张冬梅早上七点离家上班时，他便会拉上窗帘，让孩子能够安静入睡。等到他晚上八点下班回家后，再接替张冬梅照料孩子。

为了让张冬梅专注于工作，不被家庭拖累，他拒绝了领导将他调整为白班的提议。对于他来说，张冬梅的工作比自己重要，因为她担负着更多责任。

这么多年来，张冬梅一直坚守在安宫牛黄丸的生产岗位上，每一颗药丸都倾注了她的心血和智慧。爱人对她的体谅和支持，让她在疲惫时找到了继续坚持的勇气，也给了她幸福与温暖。每当同事或领导赞许张冬梅时，她总会想到爱人的默默付出和鼓励。正因为这份无言的理解与支撑，她才始终能以乐观的心态面对繁重的工作任务。

纵然岁月荆棘丛生，但张冬梅始终无怨无悔。她与丈夫用彼此的真心和付出共同走完这段漫长的职业之路。

"干一行爱一行"，张冬梅深深热爱着制作安宫牛黄丸这一领域。即使前路偶有坎坷，但她始终坚持在岗位上，将每一颗药丸都视作自己心血的结晶。在她看来，小小的药丸是其一生的追求，她只希望把每一颗安宫牛黄丸做好。

后来，即便有机会调整科室，甚至有机会晋升为主任，张冬梅却从未动过心。对她而言，单纯地做好一颗安宫牛黄丸，比什么都重要。她知道，药丸虽小，力量却大。

张冬梅特别喜欢同仁堂的一句箴言："但愿世间人无病，何

⊙ 张冬梅

妨架上药生尘。"她每每提起这句话，总有深深的感慨。

她说道："这不仅是一种医者的胸怀，更是我们同仁堂的精神所在。宁可药架上的药蒙上灰尘，我们也不希望看到患者再受病痛折磨。"

2002年冬，香港一位著名的主持人遭遇了一场严重的车祸，国外医院诊断她为"脑死亡"。然而，当她被转至北京的医院后，"奇迹"悄然发生——医生们在治疗中使用了安宫牛黄丸，帮助她重获新生。这份震撼并未止步于此。2005年，杭州一个年仅三岁的男孩在一次意外事件中被歹徒劫持，脑部受伤，生命垂危。医生们在抢救过程中使用了安宫牛黄丸，孩子竟然奇迹般地抢救过来了。

张冬梅听到这些消息，内心激动不已。那一刻，她深切感受到自己几十年如一日制作的小小药丸竟有如此神奇的力量。她深知，这颗小小的药丸所承载的，不仅是古老技艺的力量，更是无数个制药人日复一日的专注与执着。

每当看到那些因服用安宫牛黄丸而从病痛中解脱出来的人们，看到那些重新绽放笑容的面孔，那种充满感激的眼神，张冬梅的内心便充满满足感与成就感。她轻轻感叹，自言自语道："安宫牛黄丸真的是一颗神奇的'救命药丸'，它不仅拯救了无数生命，也成就了我。"

张冬梅知道，正是这一个个生动的案例，激励着她在每一个平凡的工作日中不断精进自己的技艺，也塑造了她作为一名药师的坚韧和仁心。她的手因多年制药变得粗糙，但药师的仁心却历久弥坚。她深知，每一道看似微不足道的工序，都浸润着每一名药师的良心。

张冬梅的故事不仅是她个人成长的历程，更是同仁堂百年精神的传承历程。作为这一古老技艺传承中的重要一环，她深感责任重大，也无比珍惜自己作为药师的职业生涯。张冬梅常常对年轻的学徒说："学药不易，做药更难。你们要记住，药师的每一个决定，关乎的都是患者的生死。即便没有人看见，我们的心也要正，手也要稳。"

张冬梅守护的，不仅仅是药材的纯净无瑕，更是她心中那份对患者的仁爱与责任。在她眼中，每一个看似普通的制药过程，都承载着无数患者康复的希望；每一道细致入微的工序，都是她对这份神圣职责的无声承诺。正如她最爱的那副对联所言：但愿世间人无病，哪怕架上药生尘。